LA TRADIZIONE TAOISTA

Fabrizio Pregadio

La tradizione taoista

Golden Elixir Press

Pubblicato per la prima volta con il titolo
"Il taoismo" in *Fili di seta: Introduzione
al pensiero filosofico e religioso dell'Asia*, a cura
di Donatella Rossi, pp. 277-400 (Roma:
Casa Editrice Astrolabio-Ubaldini Editore, 2018)

Golden Elixir Press, Mountain View, CA
www.goldenelixir.com
press@goldenelixir.com

Questa edizione
© 2024 Fabrizio Pregadio
ISBN 978-0-9855475-3-0

Sommario

Introduzione, 1

1 Laozi, 5
    Il *Daode jing* (Libro della Via e della sua Virtù), 6
    Il Dao, 7
    Il santo, 14
    Il sovrano, 15

2 Zhuangzi, 19
    'La conoscenza che non conosce', 20
    L'uomo realizzato, 23
    Governo, etica, e coltivazione di sé, 25
    Il *Zhuangzi* e la tradizione taoista, 26

3 Il periodo antico e la divinizzazione di Laozi, 29
    Gli 'sciamani', 29
    I 'maestri dei metodi', 30
    Il taoismo Huang-Lao, 32
    Messianismo, millenarismo, e la divinizzazione di Laozi, 34

4 Principali scuole e lignaggi, 37
    Il Tianshi dao (Via dei Maestri Celesti), 37
    La tradizione meridionale, 40
    Lo Shangqing (Chiarezza Suprema), 43
    Il Lingbao (Tesoro Sacro), 46
    Le Tre Caverne e il Canone Taoista, 48
    Il periodo Tang, 50
    Nuovi lignaggi nel periodo Song, 52
    Il Quanzhen (Realtà Completa), 53

5 Dao e cosmo, 57
   Il Dao e le diecimila cose, 57
   Essenza, Soffio, Spirito, 58
   La cosmogonia, 59
   La cosmologia, 61
   Lo *Yijing* (Libro dei Mutamenti), 63
   Principali emblemi cosmologici, 66

6 Cieli, divinità, e rituali, 75
   I cieli taoisti, 77
   Il pantheon, 79
   La funzione della scrittura, 81
   I rituali di Offerta e di Merito, 84

7 Soteriologia, 89
   Terminologia, 89
   La liberazione nel taoismo, 91
   Gli immortali, 92
   'Simulare la morte', 95
   'Liberazione dal corpo mortale', 96
   Ri-generazione in vita, 99
   Salvezza dopo la morte, 101

8 La visione del corpo umano, 105
   Corpo, forma, persona, 105
   Modelli di 'corpo simbolico', 107
   Macrocosmo e microcosmi, 110
   Principali luoghi e componenti, 113

9 'Nutrire la vita', 119
   Etica e coltivazione di sé, 120
   Pratiche principali, 121
   La 'respirazione embrionale', 123
   Critiche taoiste, 125

10 Meditazione e contemplazione, 127
   Le divinità interiori, 127
   L'Uno e i Tre-Uno, 134
   'Passeggiare sulla Rete Celeste', 135
   Contemplazione e introspezione, 136

11 L'Alchimia Esterna, 141
    La tradizione Taiqing (Grande Chiarezza), 141
    Alchimia e cosmologia, 146
    Metodi principali, 147
    Il declino del Waidan, 149

12 L'Alchimia Interna, 151
    La sintesi Neidan, 151
    Principali lignaggi, 153
    Natura (*xing*) ed Esistenza (*ming*), 154
    L'*Immagine della Trama Interiore*, 155
    I tre stadi, 158
    L'alchimia e il 'non-fare', 161

Opere citate, 165
    Fonti, 165
    Studi, 167

Glossario, 183

INTRODUZIONE

Non sembra esservi modo migliore di introdurre questo saggio che citare un brano scritto da uno dei principali studiosi occidentali della tradizione taoista:

> E' ormai divenuto un dogma sinologico distinguere tra la cosiddetta scuola taoista (*daojia*), che si ritiene abbia prodotto i testi mistici classici [...] e la cosiddetta religione taoista (*daojiao*), che spesso si ritiene abbia avuto inizio nel periodo degli Han Posteriori [*ovvero nel I-II secolo d.C.*]. I successivi *Daozang* [*Canoni Taoisti*] non hanno mai fatto questa distinzione. Se si osserva come i testi conservati nel Canone del periodo Ming [*pubblicato nel 1445*] usano i termini *daojia* e *daojiao*, si nota che in pratica sono sinonimi e intercambiabili.[1]

I due termini menzionati in questo brano, *daojia* e *daojiao*, vengono solitamente tradotti (o meglio, interpretati) negli studi in lingue occidentali come 'filosofia taoista' e 'religione taoista', o come 'taoismo filosofico' e 'taoismo religioso'. Nessuno dei due termini è usato in questo senso nei testi taoisti: i testi non parlano né di filosofia né di religione, termini e concetti che neppure esistono nella lingua cinese premoderna. I testi parlano, invece, di ciò che chiamano 'la casa', 'la famiglia', o 'il lignaggio del Dao' (*daojia*, termini traducibili anche al plurale), e di ciò che chiamano 'gli insegnamenti del Dao' o 'sul Dao' (*daojiao*). I taoisti, che ovviamente hanno inteso questi termini nel loro senso letterale, li hanno visti come due definizioni legate l'una all'altra: non può esservi insegnamento (*jiao*) senza lignaggio (o linea di trasmissione, *jia*), e viceversa.

---

1. Kristofer Schipper, trad. da Schipper e Verellen, *The Taoist Canon: A Historical Companion to the Daozang*, 6.

LA TRADIZIONE TAOISTA

Per quanto riguarda le definizioni occidentali, non è chiaro, in particolare, cosa il termine 'taoismo religioso' debba indicare: studiosi diversi potrebbero spiegare il suo significato in modi diversi. Se la religione deve comprendere l'intero taoismo tranne che il suo pensiero, questo probabilmente significa escludere dal taoismo le dottrine del *Daode jing* (Libro della Via e della sua Virtù; vedi il cap. 1), che i taoisti hanno visto come parte integrante — di fatto, come la fonte — della loro tradizione. Definire il taoismo trascurando queste dottrine sarebbe più o meno analogo a definire il cristianesimo trascurando intenzionalmente di prendere in considerazione il pensiero dei teologi, se non quello dei testi fondatori. Se invece la religione deve comprendere solo il rituale con il suo pantheon di divinità, da un lato, e le sue istituzioni sacerdotali e monastiche, dall'altro, in questo caso dal taoismo si escluderebbero la meditazione, l'alchimia, e in generale le pratiche individuali che i taoisti hanno visto come componenti fondamentali della loro tradizione.

Il taoismo è una tradizione complessa ed eterogenea come il buddhismo, l'Islam, l'ebraismo, e il cristianesimo. Le categorie occidentali moderne di filosofia e religione possono servire a comprenderne l'"alterità',[2] interpretandone le diverse manifestazioni in base un quadro di riferimento generalmente condiviso da coloro che se ne servono. L'uso di queste categorie può però portare a considerare solo gli aspetti della tradizione che si adattano al quadro di riferimento prescelto, e che rientrano nei suoi termini e limiti. Questo comporta la creazione di distinzioni — tra cui quella, appunto, tra filosofia e religione — che non esistono all'interno della tradizione stessa. Nel caso peggiore, l'intera questione può semplicemente consistere nell'imposizione di un modello culturale su un altro.

Questo saggio tenta di prendere in considerazione sia le opinioni degli studiosi occidentali sul taoismo che le dottrine dei taoisti sulla propria tradizione. Anche se espone, in modo sintetico, il pensiero e la religione taoista, non fa alcuna distinzione

---

2. Seidel, *Il Taoismo, religione non ufficiale della Cina*, 25.

fondamentale tra questi due aspetti, e soprattutto non dà più importanza all'uno o all'altro, proponendosi invece, nonostante i suoi limiti, di indicare ogni volta possibile lo stretto rapporto che li lega. Di conseguenza, si basa su una definizione il più ampia possibile del taoismo, che comprende sia quella che possiamo definire religione taoista (termine che dovrebbe sostituire l'espressione 'taoismo religioso') che quella che possiamo definire filosofia taoista o meglio ancora pensiero taoista (termine ben più appropriato di 'taoismo filosofico').[3]

---

3. Tra le ormai numerose opere generali sul taoismo, si può consigliare quella di Isabelle Robinet, *Taoism: Growth of a Religion*. Descrizioni più concise si trovano in Seidel, *Il Taoismo, religione non ufficiale della Cina*, Schipper, "The Story of the Way", e Bokenkamp, "Daoism: An Overview". Sulle tradizioni, le persone, le opere, e i termini tecnici principali vedi gli articoli in *Daoism Handbook*, a cura di Kohn, le voci in *The Encyclopedia of Taoism*, a cura di Pregadio, e i sommari dei testi in *The Taoist Canon*, a cura di Schipper e Verellen.

1

LAOZI

E' praticamente impossibile identificare una scuola o un lignaggio nella storia del taoismo che neghi che l'intera tradizione, nelle forme in cui è stata trasmessa per circa due millenni e mezzo, deriva in primo luogo da Laozi e dall'opera che gli è attribuita, il *Daode jing* o *Libro della Via e della sua Virtù*.

Come vedremo, il taoismo non è evoluto esclusivamente in base a quest'opera, e neppure vi sono prove di continuità storica tra Laozi e il *Daode jing*, da un lato, e le diverse forme in cui il taoismo si è sviluppato, dall'altro. Altrettanto significativo è però il fatto che, in una dottrina tradizionale come il taoismo, la storia nel senso comune del termine può essere alterata a volontà per creare a una 'storia sacra' dell'insegnamento. Il punto più importante è stabilire ed esibire un legame tra un'esposizione integrale della dottrina — che i taoisti trovano nel *Daode jing* — e i particolari insegnamenti e pratiche delle singole scuole o lignaggi. A questo fine, per fare qualche esempio, si può affermare che una particolare 'Via' (*dao*) deriva da una rivelazione di Laozi, nel suo aspetto umano o in quello divino; oppure si può porre Laozi alle origini (o all'interno) della sua linea di trasmissione 'pre-storica'; oppure semplicemente si possono usare, nelle fonti testuali, frasi o termini chiave tratti dal *Daode jing*. In questi e in altri modi, Laozi e il *Daode jing* sono, per i taoisti, uno dei principali veicoli per dichiarare la loro identità in quanto taoisti.

Immediatamente dopo il *Daode jing*, la tradizione taoista pone il *Zhuangzi*, opera ritenuta uno dei capolavori della letteratura mondiale (vedi il cap. 2). Un terzo testo, il *Liezi*, è caduto in una sorta di limbo, soprattutto dopo che A.C. Graham ha dimostrato che parti del testo ricevuto non sono autentiche e risalgono al II secolo d.C. (invece del IV secolo a.C., come si riteneva in precedenza).¹ Di recente, però, si è cercato di riabilitare quest'opera, anche a causa del fatto che il *Liezi* sembra contenere frammenti perduti del *Zhuangzi*.²

Il Daode jing *(Libro della Via e della sua Virtù)*

Gli odierni studi in lingue occidentali sono pressoché unanimi nell'affermare che Laozi non è un personaggio storico. L'autore putativo del *Daode jing*, che era noto anche come Lao Dan e Li Er, e il cui nome significa Vecchio Maestro, può piuttosto essere visto come un'"entità collettiva' che rappresenta la tradizione — senza nome e, a quanto sappiamo, fondata sulla trasmissione orale — che si trova alla base del testo, e l'ideale di santità che il testo descrive.

Mentre l'autore e la sua opera sono tradizionalmente datati al VI secolo a.C., i manoscritti di Mawangdui e di Guodian (scoperti rispettivamente nel 1972 e nel 1993) sono serviti a stabilire che i primi esemplari a noi conosciuti del *Daode jing* circolavano a partire dalla seconda metà del IV secolo a.C.³ Di solito, però, si ammette che il testo incorpora tradizioni orali di data precedente. Mentre questo rende pressoché impossibile una datazione precisa, suggerisce anche che probabilmente non vi è mai stato un esemplare 'originale' e completo del testo, che invece esisteva in versioni diverse sin quando, probabilmente verso la fine del III secolo a.C., venne compilato in una forma molto simile a quella che conosciamo oggi. Le principali versioni odierne, leggermente diverse tra loro, sono quelle che comprendono i commentari di Heshang gong (tradizionalmente datato al II secolo d.C., ma risalente ad almeno due secoli più tardi) e di Wang Bi (226-49).⁴

1. Graham, "The Date and Composition of *Liehtzyy*".
2. Barrett, "Reading the *Liezi*".
3. Le due versioni sono tradotte in Henricks, *Lao-Tzu: Te-Tao Ching*, e Henricks, *Lao Tzu's Tao Te ching*.
4. Sul *Daode jing* vedi Chan, "The *Daode jing* and Its Tradition";

1. LAOZI

Il *Daode jing* discute tre temi principali: il Dao, il santo (o la persona realizzata), e il sovrano e il suo governo. Le prossime tre sezioni di questo capitolo riguardano questi temi.

Il Dao

Diverse tradizioni cinesi parlano di un *dao*, o 'via', ma il *Daode jing* è la prima opera che usa questo termine per indicare il principio assoluto e l'origine dell'esistenza. Il principale enunciato a questo riguardo si trova nella prima sezione del *Daode jing*, che si apre affermando:

> Un *dao* che può essere detto Dao
> non è il costante Dao;
> un nome che può essere nominato
> non è il costante nome. (*Daode jing*, sez. 1)[5]

I primi due versi si riferiscono alle molteplici 'vie' (*dao*) che esistono nel mondo; i secondi due versi, ai nomi usati per definire i molteplici oggetti e fenomeni. Nessuna di queste vie e nessuno di questi nomi, secondo il *Daode jing*, è "costante": le vie ordinarie del mondo sono transitorie, e le parole comuni sono impermanenti quanto gli stessi oggetti e fenomeni cui si riferiscono. La conclusione tratta dal *Daode jing* è che la vera costante Via (Dao) non è una via, e il vero costante nome non è un nome. Il vero Dao non è un *dao*, e il vero nome non può essere nominato.[6]

I due versi successivi chiariscono che i precedenti enunciati si

---

Graham, *Disputers of the Tao*, 215-35; e Schwartz, "The Thought of the *Tao-te-ching*". Sulla sua tradizione esegetica vedi Chan, *Two Visions of the Way*, e i due studi di Robinet, "Later Commentaries: Textual Polysemy and Syncretistic Interpretations" e "The Diverse Interpretations of the *Laozi*".

5. I prossimi riferimenti al *Daode jing* in questo capitolo conterranno solo il numero di sezione.

6. Confronta il brano del *Zhuangzi* citato nel prossimo capitolo: "Chi può comprendere [...] il Dao che non è un *dao*?".

riferiscono al Dao in quanto principio assoluto. Pur essendo in sé privo di nome, il Dao può ricevere un nome quando è visto come ciò che dà origine dell'esistenza:

> Senza nome (*wuming*), è l'inizio di Cielo e Terra;
> con un nome (*youming*), è la madre delle diecimila cose.
>   (Id.)

Da un lato, il Dao contiene in sé i principi attivo e passivo ("Cielo e Terra") che danno origine a tutte le entità e i fenomeni del mondo; ma il Dao privo di nome — ovvero, l'assoluto — precede e va al di là anche di questa determinazione primaria. Dall'altro, le "diecimila cose" emergono quando il Dao le genera. Sotto questo aspetto, il Dao è chiamato la "madre" dell'esistenza; e solo sotto questo aspetto, al principio assoluto può essere dato un nome.

Pertanto, il *Daode jing* distingue due aspetti del Dao, uno dei quali è privo di nome mentre l'altro ha un nome. Tuttavia, la differenza tra questi due aspetti non riguarda il Dao in sé: nel Dao non può darsi alcuna distinzione, che si opporrebbe alla sua fondamentale assenza di determinazione. La differenza consiste solo nei due modi in cui il Dao può essere percepito:

> Quindi se sei costantemente privo di desideri,
> osservi le sue meraviglie;
> se hai costantemente desideri,
> osservi i suoi confini. (Id.)

In assenza di desiderio (o di intenzione, *yu*), si percepisce l'aspetto assoluto del Dao (le sue "meraviglie", *miao*, termine che significa anche 'sottigliezza' o 'sublimità'). Motivati da desiderio o da intenzione personale, si percepisce invece la molteplicità dell'esistenza, ovvero le diecimila cose e i limiti e i confini che esistono tra esse.

Non appena uno dei due aspetti del Dao — l'assoluto e la 'madre' — viene percepito, compare anche l'altro:

1. LAOZI

> Questi due emergono insieme ma hanno nomi diversi.
> Insieme, si chiamano mistero:
> mistero e poi di nuovo mistero,
> porta di ogni meraviglia. (Id.)

Sia il Dao in quanto assoluto che il Dao in quanto madre costituiscono un mistero, e insieme sono "mistero e poi di nuovo mistero".

I temi alla base della prima sezione del *Daode jing* sono discussi in varie altre parti del testo. In particolare, il *Daode jing* afferma più volte che il Dao in quanto principio assoluto è privo di nome: "Continuo e senza fine, non gli si può dare un nome" (14); "Il Dao è un pezzo di legno grezzo, costante e privo di nome" (32); "Il Dao è nascosto e non ha nome" (41). Dare un nome al Dao in quanto assoluto non solo lo ridurrebbe a un oggetto o a un fenomeno, ma lo renderebbe anche diverso dagli oggetti o i fenomeni identificati da altri nomi, e questo porrebbe un limite al suo essere il principio assoluto. Il nome *dao* serve solo come termine provvisorio per fare riferimento a questo principio:

> Io non conosco il suo nome, ma lo soprannomino Dao;
> se sono costretto a dargli un nome, dico 'il Grande'. (25)

Essendo privo di determinazione, e non avendo forma, caratteristiche, o qualità, il Dao è "costante" (1, 4) e "continuo" (6, 14). Neppure la sua costanza e la sua continuità, tuttavia, ne fanno un oggetto: il Dao come assoluto è "invisibile", "inaudibile", e "impercettibile". Anche queste tre caratteristiche costituiscono in realtà una triplice assenza di caratteristiche, e quindi non possono essere distinte l'una dall'altra:

> Guardando, non lo vedi:
> è chiamato invisibile.
> Ascoltando, non lo senti:
> è chiamato inaudibile.
> Toccando, non lo prendi:
> è chiamato impercettibile.

> Queste tre cose non possono essere esaminate a fondo,
> per questo sono indistinte in una. (14)

In questa *via negativa*, ci si riferisce al Dao soprattutto per mezzo di parole ed enunciati che esprimono o sottintendono l'impossibilità di conoscerlo, ma allo stesso tempo suggeriscono che realizzare questa impossibilità è l'unica via che può portare alla sua conoscenza. Come vedremo, Zhuangzi basa gran parte del suo pensiero sullo stesso concetto.

Altri brani del *Daode jing* si riferiscono al Dao in quanto 'madre'. Essendo il principio assoluto, nulla può esistere al di fuori del Dao. Proprio per questo, ciò che esiste non può che essere l'automanifestazione del Dao e non può che essere generato dal Dao. La facoltà che il Dao possiede di generare il mondo della molteplicità e di operare al suo interno è uno dei significati del termine *de*, 'virtù, efficacia, potere', la seconda parola nel titolo del *Daode jing*. Attraverso questa facoltà, il Dao dà vita a innumerevoli forme mutevoli e transitorie, pur rimanendo in sé 'costante' e privo di forma. Come già detto, sotto questo aspetto il Dao ha un nome (21) ed è anche chiamato la madre del mondo (1, 25).

Il Dao è vuoto ed è "vago e indistinto", ma contiene un'"immagine' (*xiang*) di ciò che genera, un 'segno' (*xin*) della sua automanifestazione, e un'"essenza' (*jing*) che è il seme del mondo della molteplicità:

> Il Dao:
>   Così vago! Così indistinto!
> Indistinto e vago!
>   Al suo interno vi è un'immagine.
> Vago e indistinto!
>   Al suo interno vi è qualcosa.
> Misterioso e oscuro!
>   Al suo interno vi è un'essenza.
> Sommamente reale è questa essenza:
>   Al suo interno vi è un segno. (21)

1. LAOZI

Per spiegare il rapporto tra il Dao e la sua automanifestazione, il *Daode jing* descrive una sequenza di stadi, che consistono in una progressiva differenziazione dal Non-Essere allo stato di molteplicità. Il primo dei due principali enunciati riguardanti questo tema presenta una sequenza che conduce dal Non-Essere (*wu*) all'Essere (*you*) e quindi alle diecimila cose (*wanwu*):

> Le diecimila cose del mondo sono generate dall'Essere,
> l'Essere è generato dal Non-Essere. (40)

Come chiarisce il primo di questi due versi, l'Essere non è equivalente alla molteplicità, ma è ciò che dà origine alla molteplicità. In questa descrizione, le fasi del processo sono [Dao →] Non-Essere → Essere → diecimila cose.

La seconda descrizione dello stesso processo è uno dei brani del *Daode jing* più spesso citati nella letteratura taoista:

> Il Dao genera l'Uno,
> l'Uno genera i Due,
> i Due generano i Tre,
> i Tre generano le diecimila cose.
> Le diecimila cose portano sul dorso lo Yin e stringono al petto lo Yang,
> amalgamando i loro soffi (*qi*) e rendendoli armoniosi. (42)

Il processo graduale descritto in questo brano è Dao → Uno → Due → Tre → diecimila cose; o, in termini numerici, Dao → 1 → 2 → 3 → 10.000. Il Dao anzitutto si auto-determina come Uno (*yi*), il principio di Unità corrispondente all'Essere del brano precedente. Per dare esistenza alle singole entità e fenomeni, l'Uno si differenzia nei Due, ovvero i principi passivo e attivo, lo Yin e lo Yang. Attraverso la loro congiunzione, lo Yin e lo Yang danno vita al Tre, che ristabilisce l'unità dell'Uno a livello di ciascuna entità: ognuna di esse "porta sul dorso e stringe al petto" lo Yin e lo Yang secondo la propria natura specifica. Le diecimila cose sono la somma delle entità e dei fenomeni generati dall'ininterrotta reiterazione di questo processo.[7]

Il *Daode jing* rivolge molta attenzione all'operazione del Dao nell'ambito da esso generato. Questo tema può essere descritto distinguendo due aspetti paralleli e complementari: primo, come l'ambito della manifestazione permette al Dao di operare; secondo, come il Dao opera in questo ambito. Per quanto riguarda il primo aspetto, il Dao è "vuoto" (4), e l'ambito della manifestazione è ciò che consente a questo vuoto di "operare" o "funzionare" (*yong*). Il *Daode jing* rappresenta questo concetto per mezzo di diverse immagini. In un brano, il Dao è paragonato a un mantice posto tra il Cielo e la Terra — ovvero al centro della sua manifestazione — che produce e anima l'intera esistenza (5). Un altro brano paragona il vuoto del Dao allo spazio che si trova all'interno di una ruota (il suo mozzo), di un recipiente, e di una stanza. Questi tre oggetti forniscono beneficio (*li*) a chi se ne serve, ma questo solo perché permettono al vuoto di operare; la loro funzione, se così si può dire, è di contenere il vuoto. Ad esempio, per quanto riguarda l'immagine del recipiente, il *Daode jing* dice:

> Si modella l'argilla per farne un recipiente:
> è la dove vi è nulla
> che risiede la funzione del recipiente. [...]
> Dunque in ciò che c'è risiede il beneficio;
> in ciò che non c'è risiede la funzione. (11)

Al di là della metafora, il mondo della forma è un ricettacolo del Dao, e come tale permette al Dao di operare.

---

[7]. Oltre a questo, il brano discusso sopra è stato interpretato in diversi altri modi. Per fare un solo esempio, l'Uno, il Due, e il Tre sono stati intesi, in questo ordine, come lo spirito (*shen*), il soffio (*qi*), e l'essenza (*jing*) generati dal Dao nei tre stadi principali della sua automanifestazione. Su questa e altre interpretazioni, vedi Robinet, "Un, deux, trois: Les différentes modalités de l'Un et sa dynamique".

1. LAOZI

Per quanto riguarda il secondo aspetto — come il Dao opera nell'ambito della manifestazione — il *Daode jing* distingue due principi fondamentali. In primo luogo, il Dao si modella sul principio dello *ziran*, termine spesso tradotto come 'spontaneità' o 'natura', ma che significa letteralmente 'essere così di per sé' o 'di proprio accordo' (25). In altre parole, l'unico modello che il Dao segue nel la sua operazione è il Dao stesso. Il secondo principio è il non-fare (*wuwei*). "Il Dao costantemente non fa, ma nulla vi è che non sia fatto" (37). La sua virtù consiste nel generare e nutrire senza possedere né dirigere:

> Perciò il Dao genera
> e la Virtù nutre.
> Fanno crescere e danno cibo,
> sostengono e allevano,
> alimentano e covano.
> Generare senza possedere,
> fare senza dipendere,
> lasciar crescere senza dirigere:
> questa si chiama Virtù Misteriosa. (51)

Anche se tutte le cose dipendono dal Dao, il Dao non è il loro governante né il loro padrone:

> Le diecimila cose dipendono da esso per vivere,
>   e non le respinge;
> compie la sua funzione,
>   e non ne rivendica il possesso;
> veste e nutre le diecimila cose,
>   e non le governa. (34)

Il non-fare comporta l'essere cedevoli e il non contendere. Per quanto riguarda il Dao, il *Daode jing* rappresenta questo concetto con due delle sue immagini preferite. La prima è l'acqua, che è cedevole ma, per questa stessa ragione, è superiore a ciò che è forte (8 e 78). La seconda è la femmina, che "supera sempre il maschio per mezzo della sua quiescenza" (61).

Il santo

La più alta persona realizzata nel *Daode jing* è lo *shengren*, termine che, nel contesto del taoismo, viene a volte tradotto come 'santo' per distinguerlo dal 'saggio' confuciano.[8] Mentre quest'ultimo incarna i principi etici della benevolenza (*ren*) e della giustizia (*yi*), che sono alla base del confucianesimo, queste e altre qualità, secondo il *Daode jing*, emergono solo dopo che il Dao viene perduto:

> Quando il grande Dao è abbandonato,
> vi sono benevolenza e giustizia.
> Quando la saggezza e l'intelligenza emergono,
> vi è il grande artificio. (18; vedi anche 38)

Il santo taoista, invece, opera nel mondo prendendo come modello l'operazione del Dao. Così come il Dao "non fa", il non-fare (o la non-azione, *wuwei*) è la via per "tornare al Dao" (28, 40, 52). Il non-fare è l'azione perfetta in cui "non vi è fare, ma nulla vi è che non sia fatto" (48; come abbiamo visto, il *Daode jing* usa le stesse parole per descrivere l'operazione del Dao). Si risponde alle circostanze e agli eventi, facendo nulla di più e nulla di meno di quanto sia necessario, senza prendere l'iniziativa se non vi è reale necessità di farlo, e senza essere mossi da desiderio, interesse, o vantaggio personale (3, 19, 34, 37, 57). In particolare, non serve compiere alcuno sforzo per svolgere il 'bene', e ancor meno di provare a imporlo agli altri, perché "quando tutti conosco il bene in quanto bene, vi è già il male" (2).[9]

---

8. Il santo è l'uomo di spirito, il saggio è l'uomo di conoscenza.
9. Non si tratta di essere 'al di là del bene e del male'. Come spiega Liu Yiming (1734-1821) a proposito dello stesso concetto espresso da Zhuangzi, nell'assenza di discriminazioni tra vero e falso, o tra bene e male, si conosce immediatamente il vero e il bene: "Si conosce ciò che è vero e ciò che non è vero, ciò che è falso e ciò che non è falso, solo quando si osserva tutto questo mantenendosi nello stato in cui non si discute sul Dao e non si parla del Dao" (vedi Pregadio, "Discriminations

Il santo taoista non intende guidare gli altri; è il primo tra gli esseri umani perché si pone dietro di loro (7, 67). Nel mondo umano, egli "pratica l'insegnamento senza parole" (43) e "permette alle diecimila cose di operare, ma non dà loro inizio" (2). Senza assumere un ruolo di guida all'interno della società (a differenza dello *shengren* confuciano), dà beneficio ai suoi simili attraverso la sua semplice presenza. In realtà, non vuole neppure essere visto, perché, dice il *Daode jing*, questo è il modo di essere "luminoso" (22, 24, 72).

Il modo di operare del santo non segue il principio dell'accrescere o dell'aumentare, ma quello del diminuire: "Per lo studio, si aumenta di giorno in giorno; per il Dao, si riduce di giorno in giorno. Diminuire e poi ancora diminuire sin quando non vi è fare, ma nulla vi è che non sia fatto" (48). Dunque il santo non accumula per sé, e invece dà, senza sosta: "Quanto più fa per gli altri, tanto più è quello che ha per sé; tanto più dà agli altri, tanto più grande è quello che ha per sé" (81). Il santo porta le cose a compimento, ma non vi si sofferma (2); e poiché conosce ciò che è sufficiente, sa quando e dove fermarsi (30, 44). Non si vanta e non si loda (22, 24) e non prova orgoglio per ciò che compie (30). Il santo non mostra la sua virtù, e invece è "torbido" (15). Il *Daode jing* presenta persino Laozi nell'atto di dire di sé: "Che stupido che sono! La gente comune risplende, io solo sono uno stolto" (20).

Il sovrano

Secondo alcuni studiosi, il *Daode jing* è in primo luogo un trattato politico rivolto al sovrano. In una valutazione più equilibrata, Alan Chan ha suggerito che è più corretto dire che

---

in Cultivating the Tao"). In altre parole, mantenendosi in questo stato la differenza tra vero e falso o bene e male è tutt'altro che ignorata: è immediatamente conosciuta, ma senza bisogno di discriminazioni o di parole.

"il 're' occupa chiaramente una posizione centrale nel regno del Dao".[10]

Nella descrizione ideale presentata dal *Daode jing*, il popolo non ha neppure bisogno di sapere chi è o cosa fa il sovrano. E' sufficiente sapere che vi è un re che svolge i compiti che gli competono:

> Il migliore è quello di cui i sudditi sanno che c'è;
> poi viene quello che è indulgente ed è lodato;
> poi viene quello che è temuto;
> e poi viene quello che è disprezzato. (17)

Come il santo, anche il sovrano opera in base al principio del non-fare: "Fai il non-fare, e nulla vi è che non sarà governato" (3). In tal modo, egli assicura il benessere del suo regno e dei suoi sudditi, consentendo a questi ultimi di operare da sé stessi (37).

Il sapere non è uno strumento adeguato per governare. Ciò riguarda anzitutto lo stesso sovrano: "Nell'amare il popolo e nel governare lo stato, sai essere privo di conoscenza?" (10). In secondo luogo, riguarda anche l'atteggiamento del sovrano nei confronti dei sudditi:

> Il santo nel suo governo
> svuota i loro cuori (*oppure*: le loro menti) e riempie i loro stomachi,
> indebolisce la loro volontà e rafforza le loro ossa.
> Fa sempre sì che la gente sia priva di conoscenza e di desideri. (3)

Il motivo per cui il re fa ciò è che "non esaltare i meritevoli evita che le persone competano l'una con l'altra; non dare valore a merci difficili da ottenere evita che le persone diventino ladre; e non mostrare oggetti desiderabili evita che il cuore (*oppure*: la mente) della gente si turbi" (3).

---

10. Chan, "The *Daode jing* and Its Tradition", 21.

1. LAOZI

Per quanto poco gradevole ciò possa sembrare a chi vive in società in cui individualismo e competizione sono misure di 'libertà', il risultato di questo modo di vedere è l'unico logicamente possibile:

> Nei tempi antichi, chi eccelleva nel praticare il Dao
> non lo usava per rendere la gente intelligente,
> ma per renderla stupida. (65)

Prima di esprimere un giudizio su questo brano, può essere utile ricordare che, come abbiamo visto poco sopra, nel *Daode jing* lo stesso santo taoista viene descritto come "torbido" e "stolto".

Pertanto, al fine di dare beneficio al popolo, i principi di saggezza, sapienza, benevolenza, giustizia, talento, e profitto devono essere abbandonati:

> Elimina la saggezza, abbandona la sapienza,
> e il popolo potrà beneficiare cento volte;
> elimina la benevolenza, abbandona la giustizia,
> e il popolo tornerà alla pietà filiale e alla compassione;
> elimina il talento, abbandona il profitto,
> e non vi saranno ladri e rapinatori. (19)

Per il santo sovrano, "governare un grande regno è come friggere un pesciolino" (60). Egli emette poche leggi ed emana pochi divieti (57), e il suo governo non è autoritario (72). Al contrario, il sovrano deve assumere su di sé la "sporcizia" e le "afflizioni" del regno (78). In altre parole, allo stesso modo in cui il santo si pone dietro ai suoi simili, il re, secondo il *Daode jing,* deve porsi al di sotto dei suoi sudditi.

2

ZHUANGZI

Zhuangzi, il cui nome era Zhuang Zhou, visse probabilmente tra il 370 e il 280 a.C. Secondo la sua biografia nello *Shiji* (Memorie dello Storico; cap. 63), la sua dottrina "deriva dalle parole di Laozi" e "illustra le arti di Laozi". In realtà, Zhuangzi scrisse solo i cosiddetti Capitoli Interni ("Neipian", 1-7) dell'opera omonima, che formano la prima delle sue tre parti principali. Le altre due parti, ovvero i Capitoli Esterni ("Waipian", 8-22) e i Capitoli Misti ("Zapian", 23-33), contengono scritti di altri gruppi di autori e riflettono diverse correnti di pensiero. In base a vari studi,[1] il contenuto di queste parti supplementari del *Zhuangzi* può essere sintetizzato come segue:

1. Capitoli 'primitivisti' (capp. 8-10, maggior parte del cap. 11, ultima parte del cap. 12, e maggior parte del cap. 16). Scritti da autori attivi intorno alla prima metà del II secolo a.C., influenzati dal pensiero politico e sociale del *Daode jing* (in particolare per quanto riguarda l'idea che il sovrano debba praticare la coltivazione di sé).

2. Capitoli 'sincretisti' (ultima parte del cap. 11, maggior parte del cap. 12, capp. 13-15, ultima parte del cap. 16, e cap. 33). Scritti da pensatori eclettici che condividono le loro opinioni con gli autori dei capitoli 'primitivisti', ma vi integrano idee politiche e sociali tratte da altre tradizioni antiche.

---

1. In particolare, Graham, *Disputers of the Tao*, 170-211; Mair, "The *Zhuangzi* and Its Impact"; Roth, "Zhuangzi".

3. Capitoli scritti da autori appartenenti alla 'scuola di Zhuangzi' o da parte di 'seguaci di Zhuangzi' (17-22).[2] Contengono narrazioni simili a quelle dei Capitoli Interni, alcune delle quali hanno come protagonista lo stesso Zhuangzi. Va notato che, poiché contengono citazioni e termini tratti dal *Daode jing*, questi capitoli documentano l'esistenza una tradizione antica riflessa nel *Zhuangzi*, di cui non conosciamo il nome ma che comprendeva il *Daode jing* tra le sue fonti principali.

4. Capitoli 'antologici' (23-27 e 32). Consistono di diversi materiali, tra cui alcuni coerenti con il pensiero dei Capitoli Interni che potrebbero derivare dallo stesso Zhuangzi.

5. Capitoli scritti da seguaci del pensatore cosiddetto 'edonista' Yang Zhu (V secolo a.C.; 28-31). Probabilmente databili intorno al 200 a.C.

Un'edizione del *Zhuangzi* in 52 capitoli fu compilata nel periodo Han, forse presso la corte di Liu An (179?-122).[3] Più tardi, questa versione fu ulteriormente modificata e abbreviata nei 33 capitoli del testo attuale da parte di Guo Xiang (252?-312), il commentatore che creò anche la suddivisione in capitoli 'interni', 'esterni', e 'misti'. Oltre a quello di Guo Xiang, il più importante commentario antico al *Zhuangzi* fu composto da Cheng Xuanying (fl. 631-50).

'La conoscenza che non conosce'

La visione del Dao da parte di Zhuangzi si accorda a quella di Laozi:

---

2. La definizione 'scuola di Zhuangzi' è usata da A.C. Graham. La definizione 'seguaci di Zhuangzi' è usata sia da Victor Mair che da Harold Roth.

3. Liu An era il re dello Huainan, sotto il cui patrocinio venne composto lo *Huainan zi*. Vedi il cap. 3.

2. ZHUANGZI

> Il Dao ha la sua realtà e i suoi segni,[4] ma è privo di azione o di forma. E' possibile trasmetterlo, ma non è possibile riceverlo; è possibile ottenerlo, ma non è possibile vederlo. E' la fonte di sé stesso, la radice di sé stesso. Prima che Cielo e Terra esistessero c'era già, stabile sin dai tempi antichi. Ha dato spiritualità agli spiriti e all'Imperatore [Celeste], e ha dato nascita al Cielo e alla Terra.[5] Esiste al di là del Grande Polo (*taiji*), tuttavia lo non si può chiamare elevato; esiste al di qua del limite delle sei direzioni, tuttavia non lo si può chiamare profondo. E' nato prima del Cielo e della Terra, ma non si può dire che esista da molto tempo; precede il tempo più antico, ma non si può dire che sia vecchio.[6] (Cap. 6; Watson, *The Complete Works of Chuang-tzu*, 81)

Le espressioni "al di là del Grande Polo" e "al di qua del limite delle sei direzioni" si riferiscono all'assenza di spazio nel Dao; la frase "precede il tempo più antico", all'assenza di tempo.

Tuttavia, in misura molto maggiore rispetto al *Daode jing*, Zhuangzi pone ripetutamente la questione di se e come il Dao possa essere conosciuto. Essendo il principio assoluto, il Dao non può essere reso un oggetto; quindi la sua conoscenza non può essere raggiunta attraverso il pensiero ordinario, che opera stabilendo distinzioni tra 'sé e altro', 'questo e quello', e simili

---

4. Zhuangzi usa qui lo stesso termine che compare nel brano del *Daode jing* (sez. 21) citato nel precedente capitolo: "Al suo interno vi è un segno". Toshihiko Izutsu nota a proposito del senso del termine *xin* ('segno'): "La Via (Dao) possiede una realtà in quanto *actus*, e presenta prove inconfondibili della propria esistenza negli effetti che produce" (Izutsu, *Sufism and Taoism*, 396 nota 54).

5. L'Imperatore Celeste (Di, o Shangdi, Imperatore Supremo) era la divinità suprema della religione cinese antica.

6. Questa e le successive citazioni dal *Zhuangzi* si basano sulla traduzione contenuta in Watson, *The Complete Works of Chuang-tzu*, con alcune leggere modifiche.

concetti relativi. Tanto meno la conoscenza del Dao può essere raggiunta attraverso valori etici come 'bene e male', 'giusto e sbagliato', o principi sociali quali la benevolenza (*ren*) e la giustizia (*yi*), propri del confucianesimo:

> Dove si riconosce il giusto si deve riconoscere lo sbagliato; dove si riconosce lo sbagliato si deve riconoscere il giusto. Perciò il saggio non procede in questo modo, ma illumina tutto alla luce del Cielo. (Cap. 2; Watson, *The Complete Works of Chuang-tzu*, 40)

Zhuangzi mette in questione il valore di queste e simili categorie e la loro utilità come mezzo di conoscenza.[7] Più precisamente, sostiene che la conoscenza da esse fornita si basa su nomi e parole e dunque non è vera conoscenza, perché né nomi né parole possono condurre alla conoscenza del Dao:

> Il grande Dao non ha nome; le grandi discriminazioni non sono espresse in parole. [...] Se il Dao viene reso chiaro, non è il Dao. Se le discriminazioni sono espresse in parole, non sono sufficienti. [...] Chi può comprendere le discriminazioni che non sono espresse in parole, e il Dao che non è un *dao*? (Cap. 2; Watson, 44-45)

Questo dimostra che Zhuangzi non è semplicemente un pensatore 'scettico', come è stato più volte affermato. Certamente Zhuangzi è scettico soprattutto per quanto riguarda la validità delle categorie del pensiero e della logica comuni in quanto mezzo di conoscenza, ma il suo fine è quello di dimostrare che vi è un altro modo di conoscere, purché la conoscenza accetti di rifiutare sé stessa, e dunque di trascendere sé stessa. In altri termini, lo scetticismo di Zhuangzi non intende dimostrare che il vero non può essere conosciuto; intende piuttosto dimostrare che il vero non può essere conosciuto attraverso l'uso del pensiero.

---

7. Su questo tema vedi Graham, *Disputers of the Tao*, 176-83, e Izutsu, *Sufism and Taoism*, 319-31.

2. ZHUANGZI

Dal momento che il Dao è non conoscibile dalla conoscenza ordinaria, vi è un solo modo di conoscerlo:

> Hai sentito parlare della conoscenza che conosce, ma non hai mai sentito parlare della conoscenza che non conosce. Guarda in quella stanza chiusa, la stanza vuota in cui nasce la luce! (Cap. 4; Watson, 58)

La critica all'epistemologia di Zhuangzi dunque non è semplice scetticismo. Il suo "attacco alla ragione", come lo ha definito Graham, è di per sé un'epistemologia.

L'uomo realizzato

L'ideale umano di Zhuangzi riflette la sua visione della conoscenza del Dao:

> L'uomo realizzato (*zhenren*) dei tempi antichi non si ribellava alla mancanza, non era fiero nella pienezza, e non pianificava i suoi affari. [...] Era capace di percorrere tutta la via sino al Dao. [...] Non sapeva nulla dell'amare la vita, e non sapeva nulla dell'odiare la morte. (Cap. 6; Watson, 77-78)

In Zhuangzi, però, il tema della 'libertà interiore' riceve molta più enfasi rispetto al *Daode jing*: libertà dalle regole sociali, dai modelli radicati di pensiero, dall''essenzialismo' (la convinzione che gli oggetti abbiano caratteristiche permanenti che li rendono ciò che sono), e da una convenzionale 'auto-identità'.[8] Più in generale, come ha osservato Isabelle Robinet, "Zhuangzi presenta l'elemento mistico del taoismo, rivelato come integrazione del cosmo, a differenza del sistema strutturato sul modello dello Yin

---

8. Berling, "Self and Whole in Chuang-tzu"; Izutsu, *Sufism and Taoism*, 418-29.

e Yang e dei cinque agenti".[9]

Nel *Zhuangzi*, l'ideale della persona realizzata viene spesso rappresentato da personaggi che illustrano l'esemplare del santo taoista. Non si può evitare di presentare almeno uno di loro, ovvero il Cuoco Ding, un macellaio presso la corte del regno di Wei. Come mostra il brano che segue, Ding non ottiene i suoi risultati con la forza, ma seguendo "le cose come sono" e utilizzando i loro interstizi sottili (che, dice, offrono "molto spazio"). Quando il suo signore, Wenhui, si complimenta con lui per la sua tecnica (*ji*), Ding risponde che la sua maestria non dipende dalla semplice tecnica, ma dall'applicazione del principio del 'non-fare' (*wuwei*):

> Quello che mi interessa è il Dao, che va al di là della tecnica. Quando iniziai a tagliare i buoi, ero solo in grado di vedere il bue stesso. Tre anni dopo, non vedevo più l'intero bue. Adesso mi rivolgo al bue con lo spirito: non lo guardo con gli occhi. La percezione e la conoscenza si arrestano, lo spirito si muove dove vuole. Seguo la conformazione naturale, colpisco nelle grandi cavità, guido il coltello attraverso le grandi aperture, e seguo le cose come sono. Così non tocco mai il più piccolo legamento o tendine, e tanto meno alcuna delle articolazioni principali. [...] Vi sono spazi tra le articolazioni, e la lama del coltello in realtà non ha alcuno spessore. Se inserisco ciò che non ha spessore in quegli spazi, c'è molto spazio, più che sufficiente per il gioco della lama. Ecco perché, dopo diciannove anni, la lama del mio coltello è ancora come quando uscì dalla mola.

---

9. Tradotto da Robinet, *Taoism: Growth of a Religion*, 33. Con queste parole, Isabelle Robinet intende chiaramente che l'integrazione tra l'individuo e il cosmo (e al di là di questo, tra l'individuo e il Dao) non si serve delle categorie del pensiero cosmologico (sulle quali vedi il cap. 5), utilizzate da molte tradizioni taoiste dei periodi più tardi, ma è immediata.

2. ZHUANGZI

Ma, come fa il santo taoista del *Daode jing* quando "trova le cose difficili" (sez. 73), ogni volta che Ding incontra una difficoltà si ferma e la valuta attentamente:

> Tuttavia, ogni volta che arrivo in un punto complicato, misuro la difficoltà, mi dico di fare attenzione e di essere prudente, mantengo lo sguardo su quello che faccio, lavoro molto lentamente, e muovo il coltello nel modo più sottile possibile, sin quando ... flop! il tutto si apre come una zolla che cade a terra. Resto là, con il coltello in mano, e mi guardo intorno, soddisfatto e riluttante a proseguire. Poi pulisco il coltello e lo metto via. (Cap. 3; Watson, 50-51)

Il brano si conclude con le parole di Wenhui: "Perfetto! Ho udito le parole del Cuoco Ding e ho capito cosa vuol dire dare nutrimento alla vita".

Governo, etica, e coltivazione di sé

Nei Capitoli Interni, il rifiuto di elevare l'etica a principio primario segue il giudizio del *Daode jing*: "A mio modo di vedere, le regole della benevolenza e della giustizia e le vie del giusto e dello sbagliato sono irrimediabilmente intricate e confuse" (cap. 2; Watson, 45-46). Di conseguenza, Zhuangzi è profondamente disilluso sulla possibilità di usare le comuni virtù etiche come base per la politica e il governo: "Cercare di governare il mondo in questo modo è come voler camminare sul mare, o come mettere una montagna sulle spalle di un moscerino" (cap. 7; Watson, 93; vedi anche 66-67).

Secondo Zhuangzi, il sovrano illuminato è quello i cui risultati "non sembrano essere sua opera". Per questo "la gente non dipende da lui", ed egli "lascia che tutti trovino la propria felicità" (cap. 7; Watson, *The Complete Works of Chuang-tzu*, 94). Queste parole sono attribuite a Lao Dan, ovvero Laozi, il cui giudizio sul 'non-fare' nel governo viene condiviso da Zhuangzi.

Allo stesso tempo, il *Zhuangzi*—in uno dei capitoli posteriori—evidenzia che la prima necessità da parte del sovrano è la coltivazione di sé: è solo 'governando sé stesso' che il sovrano può 'governare lo stato'. In una conversazione tra il mitico Imperatore Giallo (Huangdi) e il suo maestro taoista, Guangcheng zi, l'imperatore chiede dapprima come si governa lo stato. Il maestro risponde che questa domanda non riguarda altro che "i rifiuti". Quando più tardi l'imperatore lo interroga sulla coltivazione di sé, Guangcheng zi risponde, "Ottima domanda! Vieni, ti dirò qualcosa sulla perfetta Via", e dà questo insegnamento, spesso citato nei testi taoisti di epoca più tarda:

> Fa' sì che non vi siano vista e udito; abbraccia lo spirito in quiescenza e la forma corporea si ordinerà da sé. Sii chiaro e quiescente, non affaticare il corpo, non agitare l'essenza (*jing*), e potrai vivere una lunga vita. Quando l'occhio non vede, quando l'orecchio non sente, e quando la mente non conosce, allora il tuo spirito proteggerà il corpo e godrai di una lunga vita. Fai attenzione a ciò che è dentro di te, e blocca ciò che è fuori di te. La troppa conoscenza è dannosa. (Cap. 11; Watson, 119)

E' così che, secondo il *Zhuangzi*, il sovrano deve adempiere i suoi doveri per poter guidare i sudditi. Troveremo un'eco ben chiara di questo insegnamento nel cap. 8, quando osserveremo le idee taoiste sul rapporto tra 'governare lo stato' e 'governare sé stessi'.

Il Zhuangzi *e la tradizione taoista*

Il primo testo che associa l'uno con l'altro il *Daode jing* e il *Zhuangzi* è lo *Huainan zi* (Il Maestro dello Huainan; vedi il cap. 3), che nel 139 a.C. menziona le "arti di Laozi e Zhuangzi" (*Lao Zhuang zhi shu*). Come abbiamo detto, anche la biografia di Zhuangzi nello *Shiji*, completato circa mezzo secolo più tardi, afferma che l'insegnamento di Zhuangzi si basa su quello di Laozi. Ciò nonostante, le due opere contengono certamente

2. ZHUANGZI

differenze di prospettiva, o almeno di enfasi. Come ha notato Robinet, il *Zhuangzi*, in confronto al *Daode jing*, riflette "una maggiore tendenza verso l'interiorizzazione. Le preoccupazioni socio-politiche scompaiono; il non-fare non ha più connotazioni sociali o politiche, e diviene puramente uno stato di coscienza".[10]

Il *Zhuangzi* iniziò a svolgere una chiara influenza sulla tradizione taoista a partire dal IV secolo d.C., quando divenne una delle fonti di ispirazione per la scuola dello Shangqing (vedi il cap. 4). Anche il maestro buddhista Zhi Dun (314-66) scrisse un commentario, ed è stato spesso notato che vi sono corrispondenze tra certe prospettive del *Zhuangzi* e quelle del buddhismo Chan. Durante il periodo Tang, il *Zhuangzi* ottenne il rango di 'classico' (*jing*) e fu reintitolato *Nanhua zhenjing*, o *Vero Libro della Fioritura del Sud*, con riferimento alle origini meridionali dell'autore. Sin da allora, quest'opera ha fornito al taoismo un numero impressionante di idee, concetti, e termini.[11]

---

10. Trad. da Robinet, *Taoism: Growth of a Religion*, 31.
11. Robinet, "Chuang Tzu et le taoïsme 'religieux'".

3

IL PERIODO ANTICO
E LA DIVINIZZAZIONE DI LAOZI

Oltre agli insegnamenti del *Daode jing* e alla figura di Laozi, varie altre componenti hanno contribuito all'evoluzione del taoismo antico. Qui sarà possibile rilevare solo alcune tra le più importanti.

Gli 'sciamani'

Possiamo iniziare dall'esorcismo, un insieme di pratiche di natura diversa basate sulla credenza che malattie e disturbi di vario genere siano causati da entità malevole, tra cui spiriti ed esseri demoniaci. L'officiante che si fa carico di questi fenomeni è il *wu*, termine che denota un medium o guaritore, uomo o donna, ma viene spesso tradotto come 'sciamano'. Il *wu* è in grado di entrare in contatto con il regno delle creature demoniache e amministra rimedi adeguati — ad esempio talismani protettivi (*fu*) e medicine a base di erbe — a chi ne viene colpito. Mentre questi e simili metodi sono esistiti durante l'intera storia del taoismo, va notato che la tipica *trance* sciamanica non è mai stata parte delle pratiche taoiste.

Alcuni studiosi hanno suggerito che lo sciamanesimo è legato a un altro tema anch'esso incorporato in tradizioni taoiste di data più tarda: i cosiddetti 'viaggi in luoghi remoti' (*yuanyou*), ovvero verso le estremità del mondo o le regioni più lontane del cosmo.[1] La più nota descrizione di questi viaggi nella letteratura antica è la poesia intitolata "Yuanyou" (Viaggiare Lontano),

---

1. Vedi Kohn, *Early Chinese Mysticism*, 96-104.

attribuita a Qu Yuan (tardo IV secolo a.C.) ma forse risalente al II secolo a.C.[2] Nella sua opera, uno dei capolavori della poesia cinese, l'autore descrive un 'viaggio estatico' durante il quale visita le regioni più remote della terra, incontra esseri divini, ascende ai palazzi celesti, e infine entra nel mondo del Grande Inizio (*taichu*). Le tradizioni taoiste posteriori hanno usato l'immagine del 'viaggio in luoghi remoti' in diversi contesti: tecniche di respirazione per l'ingerimento delle pure energie (*qi*) emanate ai confini del cosmo; pratiche di meditazione che comprendono passeggiate sulle costellazioni celesti; e descrizioni di viaggi iniziatici verso le quattro direzioni del mondo compiuti da santi e immortali, che in questo modo trovano testi e ricevono insegnamenti da parte di esseri divini.

I 'maestri dei metodi'

Oltre ai *wu*, un'altra categoria di praticanti dalle caratteristiche notevolmente diverse è definita con il termine generico di *fangshi*, solitamente reso con 'maestri dei metodi' o 'delle ricette'. Fra i loro campi di competenza vi erano varie arti cosmologiche ed esoteriche, come astronomia e astrologia; divinazione ed emerologia; medicina e tecniche di guarigione; alchimia; e pratiche di longevità tra cui quelle sessuali e respiratorie.[3] I *fangshi* operavano all'interno della società cinese, ma a partire dal IV secolo a.C. furono spesso invitati a risiedere a corte da parte di sovrani e imperatori.

Anche se condividevano parte del loro sistema di idee con i funzionari di corte confuciani, i *fangshi* si distinguevano da questi ultimi perché, nella felice definizione di Anna Seidel, possedevano "il *know-how*", ovvero la conoscenza di tecniche

---

2. La poesia è tradotta in Kroll, "On 'Far Roaming'".
3. Vedi Ngo, *Divination, magie et politique dans la Chine ancienne*, e DeWoskin, *Doctors, Diviners, and Magicians of Ancient China*.

3. IL PERIODO ANTICO E LA DIVINIZZAZIONE DI LAOZI

particolarmente apprezzate dai governanti.[4] In una prospettiva più ampia, va notato che diversi metodi originariamente legati ai *fangshi* vennero più tardi incorporati, con opportune modifiche, nelle pratiche taoiste. Con questa categoria di praticanti, siamo infatti vicini a quello che il taoismo sarebbe divenuto nei secoli successivi: come ha osservato John Lagerwey, non lo sciamano (con le sue estasi e le sue *trance*), ma il divinatore (che costruisce un mondo 'razionale' grazie a immagini ed emblemi che hanno precisi significati e funzioni) è il predecessore del maestro e del sacerdote taoista.[5]

A differenza di quelle dei *wu*, varie pratiche legate ai *fangshi* si basavano sul sistema cosmologico cinese, che prese forma tra il III e il II secolo a.C.[6] Gli aspetti principali di questo sistema saranno descritti nel cap. 5. Qui dobbiamo brevemente notare due punti. Primo, la cosmologia cinese non è legata ad alcuna particolare tradizione intellettuale o tecnica. La sua creazione può essere vista come il risultato di un impegno collettivo volto a elaborare un sistema completo e aperto ad applicazioni in un vasto numero di campi, con contributi sia da parte di specialisti di varie scienze tradizionali — soprattutto divinatori, astronomi, e medici — che da parte di pensatori di correnti diverse. Secondo, come ha osservato Isabelle Robinet, "a differenza di altre religioni, dobbiamo cercare la struttura fondamentale, l'unità, e la continuità del taoismo nel suo discorso cosmologico e non nel suo pantheon".[7] Se da un lato il taoismo ha avuto diversi pantheon in luoghi e in tempi diversi (vedi il cap. 6), dall'altro le sue dottrine sul rapporto tra il Dao e il cosmo sono rimaste sostanzialmente immutate nel corso della sua storia, e queste dottrine

---

4. Seidel, "Imperial Treasures and Taoist Sacraments, 294.
5. Lagerwey, "Écriture et corps divin", 282-83.
6. Harper, "Warring States Natural Philosophy and Occult Thought"; Csikszentmihalyi, "Han Cosmology and Mantic Practices"; Kalinowski, "Technical Traditions in Ancient China and *Shushu* Culture in Chinese Religion".
7. Robinet, *Taoism: Growth of a Religion*, 260.

sono state formulate soprattutto servendosi del comune sistema cosmologico cinese.

Il *taoismo Huang-Lao*

Per quanto riguarda il taoismo propriamente detto, Huang-Lao dao (Via dell'Imperatore Giallo e di Laozi) è il nome con cui una parte della tradizione era conosciuta all'inizio del periodo Han (II secolo a.C.). I contorni di questa 'Via' non sono del tutto chiari, ma lo Huang-Lao dao sembra sostanzialmente equivalere al significato originario del termine *daojia* ('lignaggio del Dao') così come lo definisce Sima Tan (fl. ca. 135 a.C.) nello *Shiji* (Memorie dello Storico):

> I taoisti fanno sì che l'essenza (*jing*) e lo spirito (*shen*) dell'essere umano siano concentrati e unificati. Nel movimento si uniscono a ciò che non ha forma, nella quiescenza forniscono ciò che serve alle diecimila cose. [...] Si adeguano alle stagioni (*oppure*: "ai tempi") e rispondono alle trasformazioni delle cose. Nello stabilire convenzioni e nel promulgare politiche, non fanno alcunché di inadeguato. I principi sono concisi e facili da comprendere; le politiche sono poche ma danno molti risultati. [...] Hanno metodi che non sono metodi: le loro attività dipendono dalle stagioni (*oppure*: "dai tempi"). Hanno limiti che non sono limiti: si adattano alle cose armonizzandosi con esse. (*Shiji*, cap. 130; trad. basata su Roth e Queen, "A Syncretist Perspective on the Six Schools")

Secondo gli adepti dello Huang-Lao, Laozi era il maestro che aveva esposto i principi del governo nel *Daode jing*, e Huangdi (l'Imperatore Giallo, che i taoisti consideravano il primo degli imperatori mitici) era il sovrano che li aveva messi in pratica per la prima volta nel corso della storia umana. Difatti, Huangdi continuò a svolgere il ruolo del perfetto sovrano taoista anche in epoche successive: dopo avere ricevuto insegnamenti in varie

3. IL PERIODO ANTICO E LA DIVINIZZAZIONE DI LAOZI

discipline — medicina, alchimia, pratiche sessuali, dietetica, e altro — da parte di divinità e immortali, ne divenne il patrono. Più tardi, Laozi e Huangdi furono anche associati l'uno all'altro in un'unica divinità denominata Huanglao jun (lett. Vecchio Signore Giallo).

Oltre al concetto fondamentale del governo mediante il 'non-fare' (*wuwei*), lo Huang-Lao dao sembra avere promosso non solo altri insegnamenti del *Daode jing*, come la coltivazione di sé da parte del sovrano, ma anche — mostrando i primi cenni dell'integrazione tra dottrine del *Daode jing* e pensiero cosmologico — la regolamentazione della vita politica e sociale in base ai cicli cosmici, come quelli delle stagioni.[8] L'ideologia Huang-Lao ebbe un certo successo a corte nei primi decenni della dinastia Han, ma scomparve silenziosamente dopo che l'Imperatore Wu degli Han (r. 140-87 a.C.) adottò il confucianesimo come dottrina ufficiale di stato. Ciò nonostante, le sue idee politiche continuarono a formare uno dei principali aspetti dell'insegnamento taoista.

Negli scorsi decenni, alcuni studiosi hanno sostenuto che alcuni manoscritti ritrovati in tombe sono fonti del taoismo Huang-Lao,[9] ma su questo punto non si è raggiunta una conclusione definitiva. Lo stesso si può dire a proposito dello *Huainan zi* (Il Maestro dello Huainan), un'importante e voluminosa opera completata nel 139 a.C. sotto il patrocinio di Liu An (180-122 a.C.), sovrano del regno meridionale dello Huainan (nell'odierno Anhui).[10] Lo *Huainan zi* contiene sezioni dedicate al pensiero, al governo, alla coltivazione di sé, all'etica, alla mitologia, all'agiografia, all'astronomia, alla topografia, agli affari militari, e ad

---

8. Un fenomeno analogo avviene, nello stesso periodo, con l'incorporazione del pensiero cosmologico nelle dottrine confuciane. La nuova costruzione del confucianesimo Han è attribuita principalmente al pensatore Dong Zhongshu (ca. 179-105 a.C).

9. Ad esempio, Yates, *Five Lost Classics*.

10. L'intero testo è tradotto in Le Blanc e Mathieu, *Philosophes taoïstes*, vol. II, e in Major et al., *The Huainanzi*.

altre scienze tradizionali. Il suo intento di sintesi è dimostrato anche da più di 800 citazioni da altri testi, tra cui circa cento dal *Daode jing* e più di 250 dal *Zhuangzi*.

Ma anche se lo *Huainan zi* fa parte del Canone Taoista, e se l'agiografia taoista ha accolto Liu An come 'immortale', il testo nel suo insieme non può essere definito taoista. In una prospettiva storica, lo *Huainan zi* è piuttosto la fonte principale che documenta i primi stadi dell'integrazione di elementi del pensiero taoista antico con la cosmologia e con diverse scienze cosmologiche. Ancora più in generale, come ha notato Nathan Sivin, lo *Huainan zi* fa parte di una serie importante di testi, scritti tra il III e il I secolo a.C., che presentano ampie descrizioni della cosmologia, del governo, e della coltivazione di sé in vista dell'elaborazione di un'ideologia che doveva servire da fondamento per un impero di prossima o di nuova creazione.[11] Di questi testi fanno parte anche il *Lüshi chunqiu* (Primavere e Autunni del Signore Lü), il *Chunqiu fanlu* (Rigoglio di Rugiada sugli *Annali delle Primavere e degli Autunni*), e — con particolare riguardo alla medicina, ma basato sugli stessi fondamenti — lo *Huangdi neijing* (Libro Interno dell'Imperatore Giallo).[12]

Messianismo, millenarismo, e la divinizzazione di Laozi

Oltre alle componenti descritte sopra, il processo che, nella seconda metà del II secolo d.C., portò alla formazione del primo grande movimento religioso taoista (su cui vedi il prossimo capitolo) non può essere compreso senza prestare attenzione alle ideologie politiche della Cina antica. Queste ideologie sono sintetizzate nel concetto di Grande Pace (*taiping*), condiviso da

---

11. Sivin, "State, Cosmos, and Body in the Last Three Centuries B.C.".

12. Queste opere sono tradotte in Knoblock e Riegel, *The Annals of Lü Buwei*; Queen, *From Chronicle to Canon*; e Unschuld e Tessenow, *Huang Di Nei Jing Su Wen*;

3. IL PERIODO ANTICO E LA DIVINIZZAZIONE DI LAOZI

diverse tradizioni tra cui il confucianesimo.[13] Per quanto riguarda il taoismo, la fonte principale che documenta questa visione sociale, politica, e religiosa è il *Taiping jing* (Libro della Grande Pace), originariamente risalente al I o al II secolo d.C.[14] L'idea centrale del *Taiping jing* è l'avvento di un'era di pace (*ping*, termine che significa anche 'equità'), in cui un governante ideale avrebbe instaurato una società perfetta. Quest'era avrebbe fatto seguito a calamità destinate a eliminare i corrotti, ma sarebbe giunta solo se il sovrano avesse governato secondo il principio del 'ritorno al Dao'.

Le idee del *Taiping jing* sono il primo importante esempio del millenarismo cinese, che sarebbe divenuto un ulteriore tema di rilievo nella tradizione taoista dal II sino almeno al VII secolo.[15] Tra i tumulti sociali e le calamità naturali che caratterizzarono l'ultima parte dell'impero Han, le aspettative e le profezie di un messia prossimo a venire — che, si profetizzava, avrebbe avuto il cognome Li — crebbero nel corso del II secolo della nostra era.[16]

Non sorprende che quel salvatore si rivelò essere lo stesso Laozi, uno dei cui nomi era Li Er. Nel II secolo Laozi divenne una divinità sotto il nome di Laojun, o Signore Lao.[17] Nel 165 e nel 166, riti a lui dedicati vennero celebrati a Huxian (nell'odierno Anhui), il suo presunto luogo di nascita; e nel 166 l'Imperatore Huan (r. 147-168) condusse, per la prima e unica volta nella storia cinese, una cerimonia in suo onore nel palazzo imperiale. Tuttavia il processo di divinizzazione può avere avuto inizio anche prima: la possibilità che il Laozi 'laico' fosse già oggetto di culto è suggerita da una delle principali fonti sulla sua divinizza-

---

13. Seidel, "Taoist Messianism"; Espesset, "Latter Han Religious Mass Movements and the Early Daoist Church".
14. Una tradizione parziale di quest'opera si trova in Hendrischke, *The Scripture on Great Peace*.
15. Vedi Mollier, "Messianism and Millenarianism".
16. Seidel, "The Image of the Perfect Ruler in Early Taoist Messianism" e "Taoist Messianism".
17. Seidel, *La divinisation de Lao tseu dans le Taoïsme des Han*.

zione. Il *Laozi ming* (Iscrizione per Laozi), scritto in occasione della cerimonia dell'Imperatore Huan, contiene una biografia di Laozi, un resoconto degli eventi che condussero Huan a eseguire il rito, e un elogio poetico di Laozi come santo che segue le dottrine del 'non-fare' (*wuwei*) e dell'eliminazione dei desideri. E' significativo che in questa fonte Laozi non sia ancora chiamato 'dio' (*shen*) e neppure 'signore' (*jun*).[18]

Il *Laozi bianhua jing* (Libro delle Trasformazioni di Laozi), risalente alla fine del II secolo e forse proveniente da un culto popolare nel Sichuan,[19] impone la recitazione del *Daode jing* e la confessione dei peccati, ed è la prima di numerose opere che menzionano una delle caratteristiche principali di Laozi come divinità: oltre a personificare il Dao e a essere un modello del saggio taoista, il Signore Lao scende periodicamente sulla terra per dare insegnamenti, in particolare ai governanti. Questo ha due conseguenze importanti. In primo luogo, da questo momento il Dao assume un ruolo attivo nel mondo umano, sia attraverso i suoi emissari divini che concedendo rivelazioni ad alcuni adepti. In secondo luogo, il Laozi 'storico' — l'autore del *Daode jing* — è solo una delle diverse forme che il Signore Lao ha assunto al fine di guidare l'umanità.

---

18. Il *Laozi ming* è tradotto in Seidel, *La divinisation de Lao tseu*, 43-50 e 121-28, e in Csikszentmihalyi, *Readings in Han Chinese Thought*, 105-12.

19. Seidel, *La divinisation de Lao tseu*, 59-75.

4
PRINCIPALI SCUOLE E LIGNAGGI

Storicamente la tradizione taoista è consistita di diverse scuole, o meglio lignaggi, solitamente basati su uno o più testi fondamentali legati a uno o più esseri divini, tra cui lo stesso Laozi nel suo aspetto divinizzato. Nel complesso, questi lignaggi e questi corpus testuali hanno rappresentato la forma più alta, ma "non ufficiale", della religione cinese.[1] Senza pretendere di presentare in questo modo una vera e propria storia del taoismo, questo capitolo è dedicato alle principali tradizioni taoiste.

Il Tianshi dao (Via dei Maestri Celesti)

In una delle sue numerose trasformazioni, Laojun (il Signore Lao) apparve — nel 142 d.C., secondo la data tradizionale — a Zhang Daoling, e stabilì con lui l'Alleanza con le Potenze dell'Unità Ortodossa (*Zhengyi mengwei*). Zhang Daoling, che forse era un guaritore, fu nominato Maestro Celeste (*tianshi*), e a sua volta si impegnò a fondare una comunità che avrebbe seguito i principi del taoismo.

---

1. Come Anna Seidel mostra nella sua breve ma eccellente introduzione al taoismo, intitolata *Il Taoismo, religione non ufficiale della Cina*, nonostante la propria natura di religione cinese nativa, il taoismo ha sempre occupato una posizione subordinata rispetto ai culti imperiali (ovvero 'ufficiali') di ispirazione confuciana. Il motivo principale è che lasciare che i rituali di stato assumessero una forma taoista avrebbe significato concedere ai taoisti un ruolo ufficiale nell'amministrazione dell'impero. Il tipico funzionario confuciano dunque condannava o semplicemente ignorava le espressioni propriamente religiose del taoismo.

Era il primo anno dell'era Han'an (142 d.C.), e il periodo del ciclo era *renwu*; nel primo giorno della quinta luna il Vecchio Signore (*ovvero Laojun*) comparve a Zhang Daoling in una grotta del monte Quting nella Comanderia di Shu (*odierno Sichuan settentrionale*). [...] L'Altissimo disse: "Gli uomini del mondo non rispettano il vero e l'ortodosso, ma onorano solo i demoni pericolosi. Per questo ho preso il nome di Vecchio Signore Nuovamente Apparso". Poi investì Zhang come Maestro dei Tre Cieli, dell'Energia Una e Ortodossa della Pace della Grande Capitale Misteriosa, e gli rivelò la Via l'Alleanza con le Potenze dell'Unità Ortodossa. L'ordine del Vecchio Signore Nuovamente Apparso era di abolire le cose dall'era dei Sei Cieli [demoniaci] e di instaurare l'ortodossia dei Tre Cieli, di bandire il superficiale e il raffinato e di tornare al semplice e al vero. [...]

Il popolo non avrebbe più venerato gli dèi in modo disordinato e lascivo (*ovvero gli dèi e gli spiriti al di fuori dell'Alleanza*); le anime dei morti che venivano venerate non avrebbero ricevuto da bere né da mangiare; e i maestri non avrebbero ricevuto salario. (*Santian neijie jing*, cap. 1; trad. basata su Schipper, *Il corpo taoista*, 77)

Il terzo Maestro Celeste e pronipote di Zhang Daoling, Zhang Lu, creò e presiedette su una 'teocrazia' politicamente ed economicamente autonoma nello Hanzhong (parte dell'odierno Sichuan), suddivisa in 24 *zhi* o 'amministrazioni' (termine a volte reso come 'parrocchie' da studiosi che vedono analogie con la chiesa cristiana antica).

La storia del taoismo come religione ha inizio con questo movimento. Sin dalle origini, il Tianshi dao, o Via dei Maestri Celesti, si è proposto di fornire un modello esemplare e completo di organizzazione religiosa e sociale.[2] Per quanto riguarda l'a-

---

2. Vedi Hendrischke, "Early Daoist Movements"; Schipper, "Le pact de pureté du taoïsme"; e Kleeman, *Celestial Masters*.

4. PRINCIPALI SCUOLE E LIGNAGGI

spetto religioso, culti e riti della Via dei Maestri Celesti — come quelli dell'intera tradizione taoista più tarda — intendevano distinguersi da quelli della religione comune, definiti nel taoismo come 'culti licenziosi' o 'illeciti' (*yinsi*). Nella sua opposizione a quei culti, la Via dei Maestri Celesti utilizzò una stretta regolamentazione delle pratiche religiose, basata su un rapporto burocratico con le divinità e sull'uso di documenti scritti — redatti da officianti taoisti — per comunicare con esse. Per quanto riguarda l'aspetto sociale, al di sotto del Maestro Celeste vi erano i 'libatori' (*jijiu*), i cui compiti consistevano tra l'altro nell'educare la gente ai principi taoisti, nel dirigere le assemblee celebrate dalla comunità tre volte all'anno, nel raccogliere i contributi in riso, e nel far sì che gli 'alloggi di carità' (*yishe*) risultassero disponibili a chi ne avesse avuto bisogno.[3] La popolazione era organizzata e governata in base a 'registri' (*lu*), che esistevano in due forme: registri di famiglia, per nascite, matrimoni e morti; e registri individuali, che conferivano un rango nelle burocrazie sociali e celesti, ed elencavano gli spiriti sotto il comando di ogni persona, il cui numero aumentava a seconda dell'età.[4]

Nel periodo più antico, i riti di guarigione erano una delle pratiche principali della Via dei Maestri Celesti. E' importante notare che le malattie non erano viste come provocate da influenze demoniache (come nell'esorcismo) o dallo squilibrio di forze cosmiche (come nella medicina cinese tradizionale), ma da colpe morali. Durante il rito di guarigione, un officiante presentava una petizione — segnalando la colpa, la confessione, il pentimento, e la richiesta di aiuto del malato — ai Funzionari di Cielo, Terra, e Acqua, le tre principali divinità del Tianshi dao antico. L'accento posto sull'etica e la morale è anche la caratteristica più evidente nel testo più noto di questa tradizione, un commentario al *Daode jing* oggi conservato solo in parte.[5] Sulla base del testo e del

---

3. Kleeman, *Celestial Masters*, 385-87 e 56-57.
4. Kleeman, *Celestial Masters*, 274-82.
5. Bokenkamp, *Early Daoist Scriptures*, 29-148.

commentario, la tradizione taoista posteriore ha stabilito una celebre lista di nove precetti etici fondamentali:

> (1) Pratica il non-fare (*wuwei*). (2) Pratica l'essere arrendevole e debole. (3) Pratica il custodire il femminile e il non fare mai la prima mossa. Queste sono le tre pratiche superiori. (4) Pratica l'essere senza nome. (5) Pratica l'essere puro e tranquillo. (6) Pratica il fare solo il bene. Queste sono le tre pratiche intermedie. (7) Pratica il non avere desideri. (8) Pratica il sapere quando fermarsi. (9) Pratica l'essere cedevole e il ritirarsi. Queste sono le tre pratiche inferiori.[6]

La diaspora che fece seguito alla fine della dinastia Han (220 d.C.) ebbe il risultato di diffondere la religione dei Maestri Celesti in tutta la Cina. Sotto il nome di Via dell'Unità Ortodossa (Zhengyi dao), la Via dei Maestri Celesti è ancora oggi uno dei due rami principali del taoismo, che si fa carico delle principali forme del rituale comunitario.[7]

La tradizione meridionale

Dopo il periodo dei Tre Regni (220-80 d.C.), la Cina fu riunificata dalla dinastia Jin. L'unificazione durò però solo pochi decenni. Le migrazioni verso sud che seguirono la conquista della capitale Luoyang da parte delle etnie Xiongnu nel 311 coinvolsero non solo i membri della corte e dell'aristocrazia, ma anche rappresentanti del Tianshi dao. Di conseguenza, la religione dei Maestri Celesti raggiunse il Jiangnan, la regione a sud del basso corso del fiume Yangzi, venendo per la prima volta in contatto con le

---

6. Vedi Bokenkamp, *Early Daoist Scriptures*, 49; Kleeman, *Celestial Masters*, 91-92. Per un'altra lista contenente 27 precetti, vedi Kleeman, *id.*, 92-94.

7. L'altro ramo principale è il Quanzhen, sul quale vedi l'ultima sezione di questo capitolo.

4. PRINCIPALI SCUOLE E LIGNAGGI

tradizioni di quella regione. Gli eventi che seguirono lasciarono un segno permanente nella storia del taoismo.

La cosiddetta 'tradizione meridionale' comprendeva riti per evocare divinità benevole ed espellere entità demoniache, vari tipi di 'metodi di longevità', e pratiche di meditazione e di alchimia.[8] La migliore veduta di insieme di queste tradizioni è offerta da Ge Hong (283-343) nei Capitoli Interni ("Neipian") del suo *Baopu zi* (Il Maestro che Abbraccia la Natura Spontanea, ca. 320).[9] Quest'opera fornisce una panoramica delle tradizioni religiose nel Jiangnan poco prima dell'arrivo dei Maestri Celesti, vista attraverso gli occhi di un autore che, pur appartenendo a una delle principali famiglie dell'aristocrazia di quella regione, era profondamente interessato al taoismo e aveva ricevuto insegnamenti su alcuni dei suoi aspetti.

Le tradizioni del Jiangnan comprendono un vasto ambito di dottrine, credenze, e pratiche. Alla loro estremità inferiore, Ge Hong pone un ampio gruppo di praticanti che definisce "mediocri e grossolani" (*zawei*). Ge Hong li associa con le 'arti minori' (*xiaoshu*), che a suo avviso comprendevano metodi di guarigione, tecniche di longevità, e alcune arti divinatorie:

> E' chiaro che se i praticanti mediocri e grossolani del giorno d'oggi non ottengono i metodi dell'Elisir d'Oro, essi non otterranno una lunga vita. Potranno riuscire a guarire le malattie e a riportare i morti in vita, astenersi dai cereali ed essere liberi dalla fame per molti anni, evocare dèi e demoni, essere seduti adesso per poi improvvisamente scomparire, vedere a mille miglia di distanza, rivelare l'ascesa e la caduta di ciò che è oscuro e nascosto, e conoscere le sorti e le calamità che attendono

---

8. Vedi Andersen, "Talking to the Gods"; Campany, *To Live as Long as Heaven and Earth*, 18-97; e Steavu, "Cosmos, Body, and Meditation in Early Medieval Taoism".

9. Una traduzione completa si trova in Ware, *Alchemy, Medicine and Religion in the China of A.D. 320*.

ciò che non è ancora emerso. Ma tutto questo non sarà di alcun vantaggio per aumentare la durata della loro vita. (*Baopu zi*, cap. 14)

Le tradizioni religiose superiori del Jiangnan, secondo Ge Hong, erano invece rappresentate da tre diversi corpus testuali. Il primo consisteva di testi basati su talismani (*fu*), rappresentati principalmente dal *Sanhuang wen* (Scritto dei Tre Sovrani). Possedere questo testo, o semplicemente tenerlo tra le mani, concedeva protezione da assalti di demoni, da pericoli provocati da forze esterne, e persino dalla morte:

> ... se una famiglia possiede questo libro, sarà possibile tenere lontani il male e i demoni nocivi, sedare i soffi (*qi*) insalubri, intercettare le calamità, e neutralizzare le disgrazie. Se qualcuno è in punto di morte a causa di una malattia, gli si faccia tenere tra le mani questo libro e, purché abbia piena fede nei suoi metodi, non morirà. Se una donna sta avendo un parto difficile e rischia di esaurire il suo soffio (*ovvero, di morire*), le si faccia tenere tra le mani questo libro e il figlio nascerà prontamente. Se un praticante che vuole cercare la lunga vita entra in una montagna tenendo tra le mani questo libro, potrà tenere lontani le tigri, i lupi, e gli spiriti della montagna. (*Baopu zi*, cap. 19)

Il secondo e il terzo corpus si basavano sulla meditazione e sull'alchimia, che Ge Hong descrive come le più alte forme della coltivazione di sé. La più importante pratica di meditazione era 'custodire l'Uno' (*shouyi*), e consisteva nel visualizzare la divinità che rappresenta l'Unità nelle sue molteplici residenze all'interno del corpo umano (vedi il cap. 10). Gli elisir alchemici, invece, erano superiori ai farmaci a base di erbe: mentre le 'medicine di erbe e piante' possono solo guarire le malattie e garantire una lunga vita, gli elisir concedevano l'immortalità (vedi il cap. 11).

4. PRINCIPALI SCUOLE E LIGNAGGI

Lo Shangqing (Chiarezza Suprema)

Meno di quarant'anni dopo che Ge Hong scrisse i Capitoli Interni, nuovi eventi che ebbero luogo nel Jiangnan influenzarono profondamente la storia successiva del taoismo. Come abbiamo detto, la diaspora delle comunità dei Maestri Celesti dopo la fine della dinastia Han portò alla loro diffusione in altre parti della Cina. A partire dal secondo decennio del IV secolo, la loro religione raggiunse il Jiangnan. Dopo iniziali ostilità, i rappresentanti delle tradizioni del Jiangnan risposero ai culti e ai riti importati dai Maestri Celesti riformulando alcuni aspetti delle proprie tradizioni in modo da accogliere elementi alcuni della nuova religione. Ciò portò alla creazione di due nuovi importanti corpus di dottrine, testi, e pratiche, rispettivamente dedicati alla meditazione e al rituale. Entrambi i corpus possono essere definiti come nuove codificazioni di pratiche individuali e comunitarie in parte preesistenti.

Il primo corpus, noto come Shangqing (Chiarezza Suprema), si basa su rivelazioni che ebbero luogo nei pressi dell'odierna Nanjing.[10] I testi vennero rivelati a Yang Xi (330-ca.386), che negli studi in lingue occidentali è stato variamente definito un medium, un visionario, un poeta, o semplicemente un 'taoista'. Yang Xi era al servizio dei Xu, una delle principali famiglie aristocratiche del sud, legati da vincoli matrimoniali alla famiglia di Ge Hong. Tra il 364 e il 370 fu visitato da divinità e immortali che gli dettarono diverse scritture. Dopo averle ricevute, Yang Xi le consegnava al suo patrono, Xu Mi (303-73), e al figlio di quest'ultimo, Xu Hui (341-ca.370).

Non molto tempo dopo, i testi Shangqing iniziarono a essere copiati senza autorizzazione e in seguito anche a essere falsificati. Tao Hongjing (456-536), che apparteneva a un'altra famiglia nobile a sua volta legata da vincoli matrimoniali sia ai Xu che ai Ge, identificò le scritture originali e le autenticò in base al loro

---

10. Sullo Shangqing vedi Strickmann, "The Mao shan Revelations", e Robinet, "Shangqing: Highest Clarity".

particolare stile calligrafico. Dopo essersi stabilito sul monte Mao (Maoshan, Jiangsu), e godendo dei favori dell'Imperatore Wu della dinastia Liang, nel 500 d.C. o poco prima compose il *Zhengao* (Dichiarazioni dei Realizzati), basandosi su selezioni dai testi originali con l'aggiunta delle proprie annotazioni.[11] La sua opera fornisce dettagli sulle origini dello Shangqing, sistematizza suoi vari aspetti e chiarisce il suo rapporto con le tradizioni precedenti.

Durante il periodo Tang, lo Shangqing divenne la principale scuola taoista. I suoi patriarchi, tra cui Wang Yuanzhi (528-635), Pan Shizheng (585-682), e Sima Chengzhen (647-73), vissero alla corte imperiale, e i primi imperatori Tang ricevettero l'iniziazione Shangqing. Nel 727, su ognuna delle cinque montagne sacre furono costruiti templi in onore di divinità Shangqing, che in questo modo vennero incorporate nei culti ufficiali. Lo Shangqing ebbe anche una chiara influenza sulla poesia Tang (le stesse scritture rivelate comprendono una notevole quantità di poesie) e su altre arti, in particolare la calligrafia.[12]

Il corpus originale dello Shangqing consisteva di circa tre dozzine di testi, che possono essere divisi in tre gruppi principali: (1) Scritture (*jing*), originariamente conservate nei cieli e poi rivelate all'umanità; (2) Biografie (*zhuan*) degli dèi e degli immortali che concedono le rivelazioni, il cui fine principale è quello di descrivere le circostanze e le fasi della loro realizzazione; (3) Istruzioni orali (*koujue*), di solito poste alla fine delle biografie, contenenti spiegazioni di brani o di termini. In gran parte, questo corpus si basa su insegnamenti e pratiche non molto dissimili da quelli che si trovano nei Capitoli Interni di Ge Hong, integrati con forme rituali provenienti dai Maestri Celesti e con una quantità limitata di concetti e termini buddhisti. Inoltre, l'immaginazione letteraria meridionale, esemplificata dal

---

11. Il titolo di quest'opera è anche tradotto come *Dichiarazioni Autentiche*, *Dichiarazioni dei Perfetti*, e in altri modi simili.
12. Vedi Ledderose, "Some Taoist Elements in the Calligraphy of the Six Dynasties".

4. PRINCIPALI SCUOLE E LIGNAGGI

Zhuangzi e dai *Chuci* (Canti di Chu), svolge un ruolo importante in questi testi, in particolare nelle loro parti poetiche.

La scrittura principale, il *Dadong zhenjing* (Vero Libro della Grande Caverna), descrive metodi di visualizzazione delle divinità interiori ma comprende anche illustrazioni, poesie, e talismani (*fu*).[13] Il corpus contiene alcune opere di data precedente, come lo *Huangting jing* (Libro della Corte Gialla), rielaborato in una nuova versione risalente al tardo IV secolo (vedi il cap. 10), e anche un paio di testi Waidan (Alchimia Esterna), modificati in due modi: attribuendoli a santi dello Shangqing, e aggiungendo sezioni riguardanti pratiche che non possono essere compiute nel laboratorio alchemico, ma solo in meditazione.

Le rivelazioni Shangqing condussero a una nuova organizzazione e classificazione delle pratiche. Mentre la meditazione diviene il metodo principale, al rituale, all'esorcismo, alle pratiche fisiologiche, alla composizione di elisir, e all'ingerimento di farmaci a base di erbe viene assegnato un rango inferiore. La meditazione viene praticata in un contesto rituale, in un luogo dedicato a questo scopo (la 'camera pura', *jingshi*), in date e in ore prescritte, e seguendo le precise indicazioni fornite nei testi. L'adepto non entra in stato di *trance*: le sue pratiche consistono soprattutto in visualizzazioni e invocazioni focalizzate su divinità sia celesti che interiori, i cui nomi sono menzionati e le cui forme sono descritte nei testi (vedi il cap. 10).

L'immortalità nello Shangqing non è intesa in senso fisico: l'adepto aspira a 'unirsi al Dao' (*hedao*), e diversi metodi conducono alla generazione di un sé immortale, spesso rappresentato come un 'embrione' o un 'bambino' (vedi il cap. 10). A differenza dall'immortalità fisica, l'immortalità spirituale è vista come un potenziale posseduto da tutti gli esseri umani. Dopo la morte, gli adepti 'rinascono' in cielo. Questa idea è diversa dall'idea buddhista della reincarnazione: la rinascita nello Shangqing "è una via per la salvezza, non un modo di rimanere legati alla terra".[14]

---

13. Su questo testo vedi Robinet, *La meditazione taoista*, 117-40.
14. Robinet, "Shangqing: Highest Clarity", 213.

Il Lingbao (Tesoro Sacro)

Uno dei primi risultati delle rivelazioni Shangqing fu, circa tre decenni più tardi, la creazione di un altro importante corpus di testi taoisti. Le rivelazioni Lingbao (Tesoro Sacro) ebbero luogo, ancora una volta, nei pressi di Nanjing.[15] Tra il 397 e il 402, Ge Chaofu (pronipote di Ge Hong) ricevette un'altra serie di scritture, che presentò come una rivelazione concessagli dal suo antenato Ge Xuan (prozio di Ge Hong).

Anche se Ge Chaofu era legato da vincoli matrimoniali alla famiglia Xu (i destinatari delle rivelazioni Shangqing), la creazione del corpus Lingbao è stata vista come la risposta della famiglia Ge alla rivendicazione di preminenza religiosa nel Jiangnan da parte dei Xu. Ad esempio, mentre i testi Shangqing pongono Ge Xuan tra gli immortali di rango più basso, la sua posizione nel corpus Lingbao è pari a quella di Zhang Daoling, l'originatore della Via dei Maestri Celesti. E' anche significativo il fatto che, secondo Ge Chaofu, le scritture Lingbao derivino da un ciclo cosmico precedente, e quindi superiore, rispetto a quello dal quale erano discese le scritture Shangqing.

Il corpus Lingbao consisteva in origine di circa trenta opere. A differenza dello Shangqing, ma come nel buddhismo, diversi testi sono presentati come la trascrizione non di una scrittura originariamente conservata nei cieli, ma di un discorso tenuto da una divinità di fronte a un'assemblea di altri dèi. Un esempio si trova nel *Duren jing* (Libro della Salvezza), il testo principale del corpus, che fu originariamente recitato dalla divinità suprema, Yuanshi tianzun (sul quale vedi la prossima sezione di questo capitolo), e viene ora pronunciato dall'Altissimo Signore del Dao (Taishang Daojun).[16] Quest'opera contiene un resoconto della creazione precosmica delle scritture Lingbao, i nomi segreti delle

---

15. Sul Lingbao vedi Bokenkamp, "Sources of the Ling-pao Scriptures", e Yamada, "The Lingbao School".

16. Il *Duren jing* è tradotto in Bokenkamp, *Early Daoist Scriptures*, 373-438.

4. PRINCIPALI SCUOLE E LIGNAGGI

divinità di tutti i cieli, e i nomi delle principali divinità che risiedono all'interno dell'essere umano.

Oltre a vari testi riguardanti il rituale, il corpus comprende anche un'importante opera intitolata *Lingbao wufu xu* (titolo spesso tradotto *Prolegomeni ai Cinque Talismani del Tesoro Sacro*), originariamente risalente alla fine del III secolo ma ora considerato, nella sua forma ampliata, come una delle rivelazioni concesse a Ge Chaofu. Più d'ogni altra, quest'opera documenta gli stretti legami tra il Lingbao e la precedente tradizione meridionale. Oltre ai Cinque Talismani degli imperatori delle cinque direzioni, il *Wufu xu* contiene una prima versione del rituale di Offerta (*jiao*), che dal periodo Song in poi sarebbe divenuto il principale rituale taoista (vedi il cap. 6), insieme a una raccolta di ricette di farmaci apotropaici.

La sintesi di diverse tradizioni compiuta dal Lingbao è ben più visibile rispetto a quella dello Shangqing. Oltre a fondarsi sulla tradizione meridionale, il Lingbao incorpora elementi dei riti e del pantheon dei Maestri Celesti, così come alcuni aspetti dello stesso Shangqing (soprattutto la visualizzazione, eseguita dal sacerdote quando presenta petizioni alle divinità celesti tramite le sue divinità interiori), e alcuni aspetti del buddhismo.

Questi ultimi sono particolarmente importanti. Le pratiche Lingbao per l'individuo si basano sulla recitazione di scritture e sull'osservanza di precetti. La salvezza individuale, tuttavia, è impossibile senza operare anche per la salvezza altrui. La principale influenza buddhista sul Lingbao riguarda il concetto di 'salvezza universale' (*pudu*), chiaramente legato alla visione del bodhisattva che rinuncia al proprio *nirvāṇa* sino a quando tutti gli esseri viventi saranno anch'essi liberati. Difatti, come ha osservato Stephen Bokenkamp, i testi Lingbao sembrano aver compreso quella che potremmo chiamare una versione taoista della via del bodhisattva: "In origine, le scritture sembrano aver contenuto un percorso in dieci tappe, parallelo al sistema buddhista dei dieci *bhūmi*, o stadi del compimento del bodhisattva. Questi stadi iniziano con il risveglio del 'pensiero del Dao' (paragonabile al *bodhicitta* buddhista) e si concludono con il raggiungimento da parte dell'adepto di una vita di lunga durata in cielo, senza ulteriori rinascite".[17] Oltre alle sue chiare connotazioni buddhiste, nella versione Lingbao il concetto di 'salvezza universale' integra anche due caratteristiche essenziali proprie della civiltà cinese. In primo luogo, poiché l'essere umano è uno dei costituenti del cosmo, alla sua salvezza deve accompagnarsi quella dell'intero cosmo. In secondo luogo, la salvezza personale deve necessariamente comportare anche quella dei propri antenati.

Il rituale è al centro del Lingbao, e mentre la funzione principale del maestro Shangqing è quella di trasmettere testi e istruzioni orali al singolo adepto, il sacerdote è ora al centro delle pratiche comunitarie. I rituali principali sono quelli per i vivi (il Ritiro del Registro d'Oro, *jinlu zhai*) e per i defunti (il Ritiro del Registro Giallo, *huanglu zhai*). E' in questo contesto che si conclude il complesso processo di integrazione della Via dei Maestri Celesti nella tradizione del sud: i rituali officiati dai Maestri Celesti seguono ora sostanzialmente il sistema Lingbao. La nuova codificazione del rituale, compiuta a opera di Lu Xiujing (406-77), servì come modello a quelle successive, e le sue tracce sono ancora evidenti nelle cerimonie dei Maestri Celesti dei nostri giorni.

Le Tre Caverne e il Canone Taoista

Con la creazione dei corpus Shangqing e Lingbao, il taoismo per la prima volta definì chiaramente i suoi due poli principali, ovvero pratiche per l'individuo (codificate nel corpus Shangqing) e pratiche per la comunità (codificate nel corpus Lingbao).

All'inizio del V secolo i rapporti tra questi corpus e le altre tradizioni native del Jiangnan furono formalmente definiti nel sistema delle Tre Caverne (*sandong*), che viene tradizionalmente attribuito allo stesso Lu Xiujing ma che riflette chiaramente le

---

17. Trad. da Bokenkamp, "Lingbao", 669.

4. PRINCIPALI SCUOLE E LIGNAGGI

prospettive dell'intera comunità taoista di quel tempo e di quella regione.[18] In questo sistema, le principali tradizioni taoiste della Cina sud-orientale in epoca medioevale vengono suddivise, insieme ai relativi corpus scritturali, in tre gruppi gerarchici, vale a dire, dall'alto in basso:

1. Dongzhen (Caverna della Realtà, o della Perfezione), contenente il corpus Shangqing

2. Dongxuan (Caverna del Mistero), contenente il corpus Lingbao

3. Dongshen (Caverna dello Spirito), contenente il corpus Sanhuang (Tre Sovrani), inteso come il *Sanhuang wen* e le opere ad esso collegate

Ognuna delle Tre Caverne corrisponde a un Cielo ed è governata da una delle tre più alte divinità taoiste, chiamate le Tre Chiarezze (o i Tre Puri, Sanqing), ovvero Yuanshi tianzun (Venerabile Celeste dell'Inizio Originale), Lingbao tianzun (Venerabile Celeste del Tesoro Sacro), e Daode tianzun (Venerabile Celeste del Dao e della sua Virtù), un altro nome di Laozi nel suo aspetto divino. Anche se Laozi occupa il terzo e ultimo posto in questa gerarchia divina, la sua funzione rimane fondamentale, perché in virtù della sua posizione egli è il tramite tra il Cielo e l'umanità.

Intorno alla fine del VI secolo, i Quattro Supplementi (*sifu*) vennero aggiunti alle tre suddivisioni principali, per tenere conto di tradizioni e testi non inclusi nella precedente classificazione. I loro nomi sono Taixuan (Grande Mistero), basato sul *Daode jing*; Taiping (Grande Pace), basato sul *Taiping jing* (Libro della Grande Pace); Taiqing (Grande Chiarezza), basato sull'omonimo corpus alchemico, ma probabilmente contenente anche testi sul Nutrimento della Vita (Yangsheng); e Zhengyi (Unità Ortodossa), dedicato alla Via dei Maestri Celesti (Tianshi dao).

---

18. Sulle Tre Caverne vedi Schipper e Verellen, *The Taoist Canon: A Historical Companion to the Daozang*, 14-17.

Le Tre Caverne fornirono anche un modello per altri aspetti della dottrina e della pratica taoista, tra cui i gradi dell'ordinazione sacerdotale e la classificazione delle scritture nelle diverse versioni del futuro Canone Taoista, o *Daozang*. Per quanto riguarda il secondo aspetto va però notato che la suddivisione in Tre Caverne e Quattro Supplementi rimase idonea solo sino alla fine del periodo Tang (VII-IX secolo). Dopo la compilazione del primo Canone nella metà dell'VIII secolo, opere riguardanti scuole e lignaggi create a partire dal periodo Song (X-XIII secolo) vennero progressivamente integrate alle varie sezioni delle collezioni precedenti, a volte in modo coerente ma più spesso senza una logica chiara, mentre opere di data precedente venivano omesse perché perdute o per decisioni editoriali.

Il risultato di questa evoluzione è l'odierno Canone Taoista, che contiene circa 1.500 testi relativi a tutti i principali rami e i lignaggi taoisti datati sino alla metà del XV secolo.[19] Mentre il Canone non usa distinzioni che ebbero origine al di fuori del taoismo, come quella tra testi 'filosofici' e 'religiosi', è ancora formalmente organizzato in base alla classificazione delle scritture ideata un millennio prima della sua pubblicazione, con il risultato che molte opere sono assegnate a sezioni poco o per nulla idonee al loro contenuto.

Il periodo Tang

La fondazione della dinastia Tang (618-907) fu accompagnata da profezie millenaristiche riguardanti un saggio imperatore di

---

19. L'odierno Canone Taoista è il sesto in una serie di compilazioni che ebbe inizio nel 748. Intitolato *Zhengtong Daozang* o *Canone Taoista del Periodo di Regno Zhengtong*, fu pubblicato nel 1445, con un supplemento aggiunto nel 1806. Vedi Schipper e Verellen, *The Taoist Canon: A Historical Companion to the Daozang*. Un più breve studio che descrive i principali corpus si trova in Bokenkamp e Boltz, "Taoist Literature".

4. PRINCIPALI SCUOLE E LIGNAGGI

nome Li.[20] Come si ricorderà (vedi il cap. 3), anche il messia della dinastia Han portava il cognome Li, e quattro secoli dopo, la potente famiglia Li affermò di discendere direttamente dalla stirpe di Laozi. La sua ascesa al trono fu accreditata da rappresentanti del taoismo Shangqing. Il citato patriarca Wang Yuanzhi predisse l'ascesa al trono della nuova dinastia, informò Li Yuan che sarebbe divenuto il prossimo imperatore, e gli trasmise segretamente i 'registri' del Mandato Celeste (*tianming*). Li Yuan, infine, fondò la dinastia Tang col nome postumo di Imperatore Gaozu.

Questi eventi segnarono l'inizio dell'ascesa dello Shangqing a una posizione simile a quella di una religione di stato, che mantenne per tutta la prima metà della dinastia.[21] Il supporto della corte culminò nella metà dell'VIII secolo nella compilazione del *Kaiyuan Daozang* (Canone Taoista del Periodo di Regno Kaiyuan), la prima collezione di testi taoisti promossa dalla corte imperiale. Mentre la disastrosa ribellione di An Lushan del 755-63 pose fine alla gloria della dinastia, per il taoismo nel suo complesso il periodo Tang fu un'epoca sia di consolidamento che di importanti cambiamenti e innovazioni.

Per quanto riguarda il rituale, il periodo Tang e i decenni successivi delle Cinque Dinastie (907-60) furono caratterizzati da due nuove importanti codificazioni dopo quella di Lu Xiujing, a opera di Zhang Wanfu (fl. 710-13) e di Du Guangting (850-933), uno dei principali 'taoisti di corte' di tutti i tempi.[22] Dopo la sua introduzione nel I secolo d.C. e la sua evoluzione nel corso delle Sei Dinastie, nel periodo Tang il buddhismo divenne sostanzialmente 'sinizzato' con la creazione di nuove scuole, le più impor-

---

20. Vedi Bokenkamp, "Time After Time: Taoist Apocalyptic History and the Founding of the Tang Dynasty".
21. Barrett, *Taoism under the T'ang*; Kohn e Kirkland, "Daoism in the Tang".
22. Su Zhang Wanfu, vedi Benn, *The Cavern-Mystery Transmission*. Su Du Guangting, vedi Verellen, *Du Guangting (850-933): Taoïste de cour à la fin de la Chine médiévale*.

tanti delle quali sono il Tiantai e il Chan (giapp. Zen), e con la diffusione di pratiche 'popolari' tantriche.[23] Questo a sua volta diede vita a due fenomeni che divennero costanti nel secondo millennio della storia cinese: da un lato, la competizione per ottenere il patrocinio dello stato; dall'altro, i ripetuti tentativi di sintetizzare i cosiddetti Tre Insegnamenti (*sanjiao*, ovvero confucianesimo, taoismo, e buddhismo). Stretti legami tra pensiero e religione taoista e buddhista sono visibili nelle dottrine,[24] nei culti (con varie divinità condivise, ad esempio Avalokiteśvara/Guanyin),[25] e nelle pratiche di meditazione (su queste ultime, vedi il cap. 10).

Infine, il periodo Tang segnò non solo il più alto livello di sviluppo del Waidan (Alchimia Esterna), ma anche l'inizio del Neidan (Alchimia Interna; vedi il cap. 12). Il primo lignaggio Neidan chiaramente identificabile è il Zhong-Lü (dal nome dei due immortali, Zhongli Quan e Lü Dongbin), che sembra essersi sviluppato a partire dalla seconda metà dell'VIII secolo.

Nuovi lignaggi nel periodo Song

Dopo la nuova riunificazione da parte della dinastia Song (960-1279), importanti cambiamenti nella società cinese — urbanizzazione, creazione di un'economia di mercato, e ascesa di nuove classi, soprattutto nelle regioni sud-orientali — condussero a notevoli innovazioni nella vita religiosa. Per la storia del taoismo fu particolarmente importante l'istituzione delle 'associazioni laiche', la cui funzione principale era, insieme allo svolgimento di atti meritori, quella di sostenere il tempio taoista

---

23. Sul rapporti tra il taoismo e il buddhismo cinese vedi Zürcher, "Buddhist Influence on Early Taoism: A Survey of Scriptural Evidence", e Mollier, *Buddhism and Taoism Face to Face*; per un sommario dei punti principali, vedi Bokenkamp, "Daoism and Buddhism".

24. Robinet, "De quelques effets du bouddhisme sur la problématique taoïste".

25. Mollier, *op. cit.*, 174-208.

4. PRINCIPALI SCUOLE E LIGNAGGI

locale. Come si può facilmente comprendere, queste associazioni favorirono l'incorporazione di culti a divinità e santi locali nel pantheon e nella liturgia taoista.

La Via dei Maestri Celesti, basata a quel tempo sul monte Longhu (nell'odierno Jiangxi), venne ufficialmente incaricata del compito di ordinare i sacerdoti taoisti. Una serie di nuove rivelazioni portò però alla nascita di lignaggi che in diversi casi affermavano di discendere dallo stesso Zhang Daoling. Tra la metà del X e la metà del XIII secolo vennero create cinque nuove scuole: il Tianxin (Cuore Celeste), lo Shenxiao (Empireo Divino), lo Yutang dafa (Grandi Riti della Sala di Giada), il Lingbao dafa (Grandi Riti del Tesoro Sacro), e il Qingwei (Tenuità Pura). Ognuna di queste scuole si basava su una particolare codificazione del rituale ma con poche differenze nelle pratiche fondamentali, in cui un ruolo importante era svolto dall'esorcismo.[26] Le comunità locali, oltre ai sacerdoti taoisti, avevano anche i loro specialisti rituali, noti come *fashi* ('maestri rituali'), un termine che designa, allora come ancora oggi, officianti specializzati in pratiche esorcistiche.[27]

La dinastia Song e la successiva dinastia mongola Yuan (1271-1368) videro anche importanti sviluppi nelle tradizioni di Alchimia Interna (Neidan), soprattutto con la creazione del Nanzong, il Lignaggio del Sud, al quale viene attribuita la principale codificazione della pratica alchemica (vedi il cap. 12).

Il Quanzhen (Realtà Completa)

Nel 1127 la dinastia Jin (1115-1234), di etnia Jurchen, occupò Kaifeng, e i Song furono costretti a spostare la loro capitale a Hangzhou, istituendo la dinastia Song meridionale (1127-1279).

---

26. Su queste scuole vedi J.M. Boltz, *A Survey of Taoist Literature*, 26-49; Skar, "Ritual Movements, Deity Cults, and the Transformation of Daoism in Song and Yuan Times".
27. Davis, *Society and the Supernatural in Song China*.

Fu durante il dominio dei Jin che venne creato il Quanzhen (Realtà Completa, o Perfezione Completa). Questa scuola è oggi, insieme alla Via dei Maestri Celesti, uno dei due rami principali del taoismo.[28]

Il Quanzhen venne fondato da Wang Zhe (Chongyang, 1113-70), attivo come predicatore nello Shandong alla fine degli anni 1160, e dai suoi sette principali discepoli, ovvero Ma Yu (Danyang), Tan Chuduan (Changzhen), Liu Chuxuan (Changsheng), Qiu Chuji (Changchun), Wang Chuyi (Yuyang), Hao Datong (Guangning), e Sun Bu'er (Qingjing, moglie di Ma Yu). Cinque 'associazioni laiche' vennero istituite per sostenere il nuovo insegnamento, che si diffuse rapidamente. Controversie con il buddhismo condussero a proscrizioni nella seconda metà del XIII secolo, che comportarono anche la distruzione di una nuova edizione del Canone Taoista da poco compilata da rappresentanti del Quanzhen. La scuola, tuttavia, mantenne una forte presenza locale, e dopo la riunificazione della Cina da parte della dinastia Yuan (1271-1368) ottenne il favore della corte. Mentre i Ming (1368-1644) dettero ancora una volta priorità ai Maestri Celesti, Wang Changyue (1592-1680) guadagnò il sostengo della dinastia mancese dei Qing (1644-1912) poco dopo la sua fondazione. Sin da allora, il suo lignaggio Longmen (Porta del Drago) è stato il ramo principale del Quanzhen.[29] Il tempio di cui Wang Changyue era abate, il Baiyun guan (Abbazia della Nuvola Bianca) a Pechino, è oggi la sede dell'Associazione Taoista Cinese (Zhongguo daojiao xiehui).

A differenza del Tianshi dao, i cui sacerdoti sono sposati e vivono con le loro famiglie, il Quanzhen è un ordine monastico basato sul celibato, e in questa forma si è propagato soprattutto nella Cina settentrionale. Oltre al rituale, le principali pratiche

---

28. Yao, "Quanzhen: Complete Perfection"; Goossaert, "The Invention of an Order"; Marsone, *Wang Chongyang (1113-1170) et la foundation du Quanzhen*.

29. Esposito, "The Longmen School and its Controversial History during the Qing Dynasty".

4. PRINCIPALI SCUOLE E LIGNAGGI

dei monaci e delle monache Quanzhen comprendono la meditazione e l'Alchimia Interna.[30] Tuttavia, il Quanzhen (e il Longmen) è un fenomeno particolarmente complesso, poiché comprende anche forme non istituzionali e non monastiche. Alla loro origine vi è il fatto che Wang Zhe e i suoi sette discepoli formano anche il ramo del Neidan chiamato Beizong, o Lignaggio del Nord. Per questo motivo, a partire dal periodo Yuan molti maestri e adepti del Neidan hanno affermato di appartenere al Quanzhen, creando innumerevoli linee di trasmissione in tutta la Cina senza particolari legami con l'istituzione monastica centrale.

---

30. Eskildsen, *The Teachings and Practices of the Early Quanzhen Taoist Masters*.

5

DAO E COSMO

Questo e i prossimi tre capitoli sono dedicati a temi che riguardano il taoismo nel suo complesso: il rapporto tra Dao e cosmo; le divinità e i rituali; la soteriologia; e la visione del corpo umano. In modi e misure diversi, questi quattro temi fanno parte delle dottrine e pratiche di ogni scuola e lignaggio taoista, e in molti casi ne sono alla base.

Il Dao e le diecimila cose

Che si rivolga alla comunità oppure all'individuo, il taoismo intende fornire vie e metodi per 'tornare al Dao' (*fandao, huandao*). Discutere i punti principali della dottrina prima di trattare il loro tema specifico è — insieme ai riferimenti diretti o indiretti a Laozi e al *Daode jing* — uno dei modi principali utilizzati nei testi taoisti per dichiarare il loro legame al taoismo.

Nella visione taoista, il Dao è sia il Senza Polo (o l'Illimitato, *wuji*) che il Grande Polo (*taiji*).[1] Nel primo senso, il Dao è l'infinito e l'assoluto, ed è di per sé privo di definizione, determinazione, forma, nome, attributi, e qualità. Proprio per questo, può contenere tutte le definizioni, determinazioni, forme, ecc., nessuna delle quali può esistere al di fuori di esso (o ne causerebbe un limite). Dal punto di vista delle 'diecimila cose' (*wanwu*, gli oggetti che esistono e i fenomeni che si verificano nel mondo manifesto), tutto ciò che si può dire è che esse sono generate dal Dao, ma il Dao non si identifica con alcuna di esse, o sarebbe

---

1. La parola *ji* indica in origine l'asse orizzontale lungo il quale culmina il tetto di una casa, da cui il senso di 'polo', ovvero l'estremità e il limite di qualcosa e, in un'asse verticale, il suo punto più alto.

condizionato dalla loro individualità, forma, discontinuità e transitorietà. Quando, nel secondo senso, è inteso come Grande Polo, il Dao viene invece visto come principio supremo di Unità. Questa Unità, o Unicità, è intesa come unità trascendente al di là della molteplicità (1 in quanto contenente tutti i numeri, ma non di per sé un numero) e allo stesso tempo come origine della molteplicità (1 in quanto primo numero). Il Grande Polo è spesso definito Yang Puro (*chunyang*), dove lo Yang non è il principio opposto allo Yin, ma lo stato in cui Yin e Yang sono congiunti.[2]

Come abbiamo visto (cap. 1), nel *Daode jing* questi due aspetti del Dao corrispondono al Dao come 'assoluto' e come 'madre'. I due principali stadi ontologici e cosmogonici, rispettivamente precedente e posteriore alla *creatio continua* del cosmo, sono spesso definiti *xiantian* o preceleste ('anteriore al Cielo') e *houtian* o postceleste ('posteriore al Cielo'). Per tutti questi e altri aspetti duali che si possono distinguere riguardo al Dao, è valido l'assunto del *Daode jing* (sez. 1) citato sopra: "Questi due emergono insieme ma hanno nomi diversi".

Essenza, Soffio, Spirito

Nella sua automanifestazione, il Dao genera i tre componenti principali del cosmo e dell'essere umano. Collettivamente chiamati 'tre tesori' (*sanbao*), questi componenti sono il *jing* o essenza, il *qi* o soffio, e lo *shen* o spirito. Ognuno di essi ha due aspetti, legati alla loro natura precosmica o 'preceleste' e alla loro forma manifesta o 'postceleste'.[3]

---

2. L'Unità viene designata come Yang Puro perché nella rappresentazione di un processo creativo — in questo caso, del processo della creazione in sé — vi è bisogno di un 'impulso iniziale', un movimento che è la natura stessa dello Yang.

3. Le definizioni e le traduzioni dei termini *jing*, *qi*, e *shen* sono complesse. In particolare, *qi* viene reso anche come 'pneuma', 'vapore', 'energia', e in altri modi. Anche se 'soffio' e 'respiro' comprendono solo

5. DAO E COSMO

Nei loro aspetti precosmici, *shen*, *qi*, e *jing* rappresentano (in questo ordine) tre fasi consecutive nel processo della generazione del cosmo, dallo stato iniziale di Non-Essere e di Vuoto (*wu*, *xu*) sino alla coagulazione dell'essenza che dà nascita alle 'diecimila cose'. Lo *shen* è il principio che presiede alle entità non materiali (tra cui le divinità, anch'esse chiamate *shen*, 'spiriti'); il *qi* è il principio che mantiene il cosmo in esistenza in tutta la sua estensione e durata; e il *jing* è il principio che presiede alle entità materiali. Quando sono intesi in questi aspetti, i termini *jing*, *qi*, e *shen* sono spesso preceduti dalla parola *yuan*, 'originale' (ovvero *yuanjing*, *yuanqi*, *yuanshen*). In alcuni casi, inoltre, il Soffio Originale (*yuanqi*) è visto anche come principio superiore e precedente all'emergere di essenza, soffio e spirito; in questo caso, il Soffio Originale viene anche chiamato Soffio Ancestrale (*zuqi*), ed è considerato equivalente allo stesso Dao.

Nel mondo manifesto i tre componenti assumono aspetti diversi. Per quanto riguarda l'essere umano, lo *shen* emerge come mente (lo 'spirito conoscitivo', *shishen*, o 'spirito pensante', *sishen*); il *qi* appare come respiro; e le principali materializzazioni del *jing* sono — insieme ad altri componenti liquidi del corpo, come la saliva e lacrime — il seme negli uomini e il sangue mestruale nelle donne.

La cosmogonia

Per spiegare il rapporto tra Dao e cosmo, il *Daode jing* descrive una sequenza di fasi, che corrispondono ad altrettanti stati assunti dal Dao: il Dao stesso, l'Unità, la dualità (Yin e Yang), e infine la molteplicità. Come abbiamo visto, il *Daode jing* esprime questo concetto nel famoso detto, "Il Dao genera l'Uno; l'Uno genera i Due, i Due generano i Tre, i Tre generano le diecimila

---

alcuni sensi del termine *qi*, queste traduzioni offrono il vantaggio di rendere con lo stesso termine il *qi* del Dao e il *qi* dell'essere umano, che si manifesta primariamente nella respirazione.

cose" (sez. 42). Questa sequenza di base viene sempre rispettata, anche se altri testi o altri autori possono aggiungere fasi intermedie oppure escluderle (come fa il *Zhuangzi*, cap. 23: "Le diecimila cose emergono dal Non-Essere"). E' evidente che questa ontologia ha senso solo da un punto di vista relativo: nel Dao non vi sono spazio e tempo e dunque non vi sono le condizioni per l'esistenza di stati che si succedano l'uno all'altro. La disposizione verticale dei vari stati serve però a illustrare il processo di discesa dal Dao al cosmo, e implica inoltre — e spesso delinea in modo esplicito — un corrispondente processo di ascesa dal cosmo al Dao, da svolgere mediante il supporto di pratiche adeguate.

Quando questa disposizione gerarchica viene rappresentata come una sequenza temporale, il discorso si sposta dall'ontologia alla cosmogonia, che nel pensiero cinese sono d'altronde strettamente legate l'una all'altra. Nel corso della sua storia, il taoismo ha elaborato diverse narrazioni figurate del processo di creazione del cosmo.[4] Molte di queste narrazioni si servono del concetto di *hundun*, un termine solitamente reso come 'caos' o 'incoato', nel senso di qualcosa che è appena iniziato a essere, ma già contiene tutto ciò che gradualmente evolve da esso, e da cui infine emerge il cosmo (cf. *Daode jing*, sez. 25: "Vi è qualcosa di incoato eppure compiuto, nato prima del Cielo e della Terra"). In un celebre brano del *Zhuangzi*, questo stato iniziale è rappresentato da un imperatore chiamato Hundun che regnava "sul Centro". Poiché il suo corpo non aveva aperture, gli imperatori del Nord e del Sud decisero di dargli un aspetto simile a quello di un essere umano, aprendogli occhi, orecchie, narici, e bocca. "Ogni giorno fecero un'apertura, e il settimo giorno Hundun morì" (cap. 7; vedi Watson, *The Complete Works of Chuang-tzu*: 97). Come ha mostrato Norman Girardot, questa storia attribuisce la causa della morte di Hundun, e il passaggio dal caos al cosmo, non solo all'emergere della dualità — gli imperatori del Nord e del Sud — ma anche alla creazione delle istituzioni

---

4. Vedi Robinet, "Genèses: Au début, il n'y a pas d'avant".

5. DAO E COSMO

sociali.⁵ Ciò che pone fine all'armonia dell'"ordine caotico' è l'emergere dell'"ordine sociale'.

Varie altre narrazioni della cosmogonia vennero elaborate nei periodi più tardi.⁶ In particolare, attingendo da miti di data precedente, Laojun (il Signore Lao) fu visto come il 'corpo' del Dao, da cui viene generato il cosmo.⁷ Anche la Via dei Maestri Celesti e il taoismo Lingbao crearono le proprie narrazioni cosmogoniche.⁸

La cosmologia

Dopo essere state generate, le 'diecimila cose' sono soggette alle leggi dell'ambito cosmico. In generale, il taoismo spiega le proprietà di questo ambito per mezzo del comune sistema cosmologico cinese. Spesso definito 'cosmologia correlativa', questo sistema è un corpus di conoscenze strutturato e coerente che utilizza emblemi astratti (*xiang*, lett. 'immagini') per analizzare e spiegare le caratteristiche dell'ambito cosmico e i rapporti tra i suoi componenti.⁹

Prima di descrivere alcuni insiemi di emblemi usati nel sistema cosmologico cinese, è utile soffermarsi su alcuni aspetti del sistema in generale.

1. Ciascun insieme di emblemi — lo Yin e lo Yang, i cinque

---

5. Girardot, *Myth and Meaning in Early Taoism*, 113-33.
6. Vedi Kohn, *God of the Dao*, 179-97; Robinet, "Genesis and Pre-Cosmic Eras in Daoism".
7. Seidel, *La divinisation de Lao tseu dans le Taoïsme des Han*, 84-91.
8. Sulla cosmogonia della Via dei Maestri Celesti vedi Bokenkamp, *Early Daoist Scriptures*, 188-92; Seidel, *op. cit.*, 79-84. Sulla cosmogonia Lingbao, vedi Lagerwey, *Wu-shang pi-yao*, 104; Bokenkamp, *Early Daoist Scriptures*, 380-81; Robinet, "Genesis and Pre-Cosmic Eras in Daoism", 148-55.
9. Sulla cosmologia cinese vedi Schwartz, *The World of Thought in Ancient China*, 350-82; Graham, *Disputers of the Tao*, 319-56; e Kalinowski, *Cosmologie et divination dans la Chine ancienne*.

agenti, i trigrammi, ecc. — fornisce un modo diverso di spiegare le proprietà e il funzionamento del cosmo. I diversi insiemi analizzano e descrivono qualsiasi fenomeno o entità in un numero crescente di aspetti o di stadi ciclici di mutamento: due (Yin-Yang), cinque (gli agenti), otto (i trigrammi), e così via.

2. Le principali proprietà correlate sono le proprietà primarie nell'ambito cosmico, ovvero lo spazio e il tempo. Ad esempio, il sistema dei cinque agenti associa la primavera all'est, l'estate al sud, e così via (vedi tavola 1).

3. I rapporti tra emblemi appartenenti allo stesso insieme servono a spiegare come diversi fenomeni ed entità siano correlati. Ad esempio, come il Fuoco segue il Legno tra i cinque agenti (perché il legno produce il fuoco), così l'estate segue la primavera tra le stagioni.

4. Fenomeni ed entità diversi rappresentati dallo stesso emblema sono direttamente correlati. Ad esempio, l'agente Legno associa tra loro l'est e la primavera. Di conseguenza, l'est e la primavera sono visti come diverse manifestazioni del principio Yang allo stesso stadio del suo sviluppo — in questo caso, l'inizio della sua crescita (il sole sorge a est, e la natura si risveglia in primavera).

5. Un evento o fenomeno che avviene in un ambito influenza gli altri ambiti. Questa idea è a sua volta legata al principio fondamentale della 'risonanza' (*ganying*, lett. 'impulso e risposta'), in base al quale cose dello stesso 'tipo' o 'categoria' (*lei*) si influenzano reciprocamente.

6. I singoli fenomeni o entità sono intesi non in sé, ma alla luce del loro rapporto con altri fenomeni ed entità. Ciò che una cosa 'è' viene determinato anzitutto dalla posizione che occupa tra le altre cose, e da come si correla a esse.

5. DAO E COSMO

7. Tutto avviene in cicli di diversa grandezza e lunghezza. Di questi cicli fanno parte il giorno, il mese, e l'anno, ma anche periodi cosmici di più lunga durata. Essendo di per sé neutri, gli emblemi della cosmologia si prestano a correlare i cicli cosmici, naturali, sociali, e individuali.

Oltre a questo, è importante notare che la cosmologia fornisce al taoismo non solo una spiegazione del funzionamento del cosmo, ma soprattutto uno strumento per rappresentare il dispiegamento dell'Unità nella molteplicità; per spiegare il rapporto tra Dao, cosmo, ed essere umano; e per elaborare pratiche supportate da strutture microcosmiche quali lo spazio rituale, il laboratorio alchemico, e lo stesso corpo umano. Queste pratiche intendono fornire i mezzi per 'tornare al Dao'. Ciò comporta che, se da un lato gli emblemi della cosmologia rappresentano la differenziazione dell'Unità nelle 'diecimila cose', dall'altro servono a rappresentare il ritorno dalle 'diecimila cose' all'Unità.

Lo Yijing *(Libro dei Mutamenti)*

Il sistema dello *Yijing*, o *Libro dei Mutamenti*, ha svolto un ruolo fondamentale nella creazione e nello sviluppo della cosmologia correlativa. Il testo si compone di due parti principali, la prima delle quali riguarda la divinazione. Spesso chiamata *Zhouyi* o *Mutamenti dei Zhou*, questa parte è solitamente datata alla fine del IX secolo a.C., ed è probabilmente opera di divinatori che risiedevano alla corte della dinastia Zhou Occidentale. La seconda parte è formata da sette appendici, la maggior parte delle quali risalgono al III secolo a.C., chiamate "Dieci Ali" ("Shiyi") perché tre di esse sono divise in due parti. Il pensiero espresso in queste appendici, e soprattutto in quella intitolata "Detti Aggiunti" ("Xici"), ha svolto una funzione cruciale nel promuovere la formazione di un pensiero cosmologico organico e coerente.

Alla base del *Libro dei Mutamenti* vi sono due serie di emblemi composti di linee Yin (spezzate) o Yang (intere). Le otto diverse combinazioni di tre linee formano gli otto trigrammi (vedi tavola 2), che secondo la tradizione furono creati dall'imperatore mitico Fu Xi. Quando gli otto trigrammi vengono uniti in coppie, formano i sessantaquattro esagrammi, che si compongono di sei linee (vedi fig. 1). Gli esagrammi rappresentano stati e circostanze emblematici che si verificano nel cosmo, nella società umana, o nell'esistenza individuale, come ad esempio 'pace', 'conflitto', 'ritorno', 'ostruzione', 'separazione', e così via. Chi consulta gli oracoli determina per prima cosa (di solito manipolando steli di millefoglie) quale esagramma rappresenta la propria situazione, quindi si rivolge al testo per stabilire il modo più appropriato e propizio per rispondere a tale situazione.

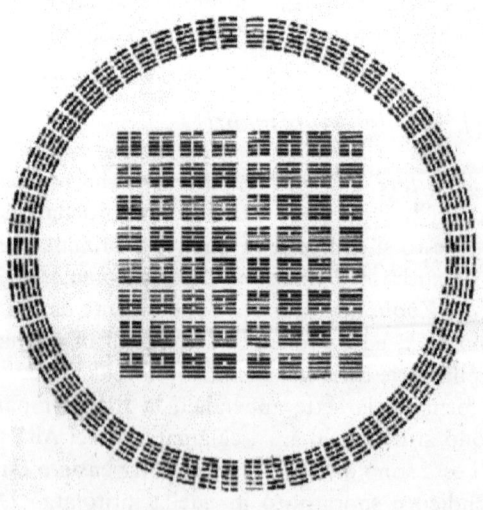

Fig. 1. I sessantaquattro esagrammi.

5. DAO E COSMO

Il taoismo, tuttavia, non è particolarmente interessato all'uso del *Libro dei Mutamenti* per la divinazione. Si serve invece dei suoi emblemi — specialmente i trigrammi — per rappresentare le dimensioni spaziali e temporali del cosmo, e, come vedremo tra poco più in dettaglio, per spiegare il loro rapporto con il Dao. Nel far questo, il taoismo si basa principalmente sui "Detti Aggiunti". Molto più che un semplice commentario, i temi principali di quest'opera sono il Dao, il cosmo, e la società umana. In primo luogo, il suo fine è quello di mostrare che il sistema del *Libro dei Mutamenti* si basa sulle forme e sui modelli del Cielo e della Terra; che per questo linee, trigrammi, ad esagrammi incorporano le proprietà dell'intero cosmo; e che di conseguenza il testo è in grado di predire il futuro (ovvero di indicare come operare nel presente):

> Quando all'inizio dell'antichità Bao Xi (*altro nome di Fu Xi*) governava il mondo, guardò verso l'alto e contemplò le immagini nel Cielo, guardò verso il basso e contemplò i modelli sulla Terra. [...] Così fu il primo a creare gli otto trigrammi. Attraverso essi comunicò con la virtù della Luce Spirituale (*shenming*) e classificò le qualità delle diecimila cose. ("Xici", sez. B.2.)

Il *Libro dei Mutamenti* incorpora inoltre le 'vie' (*dao*) dei Tre Poteri (*sancai*):

> Il *Libro dei Mutamenti* è vasto e ampio. Vi si trovano la Via del Cielo, la Via della Terra, e la Via dell'Uomo. Esso combina i Tre Poteri e li raddoppia. Pertanto [ogni esagramma ha] sei linee. Le sei linee non sono altro che le Vie dei tre Poteri. (Id., sez. B.8.)

E' per questo che il *Libro dei Mutamenti* è prezioso per il sovrano e per l'"uomo nobile" (*junzi*), che possono operare nel mondo aspettando il "momento giusto" sulla base dei suoi principi e delle sue indicazioni:

> L'uomo nobile nasconde le sue capacità dentro di sé.
> Attende il momento giusto e poi agisce. [...] Così dà
> sicurezza a sé stesso ed è in grado di proteggere lo stato.
> (Id., sez. B.4.)

Dopo la prima sistematizzazione nei "Detti Aggiunti" e in altre opere, la tradizione dei cosiddetti Studi sul *Libro dei Mutamenti* (*Yixue*) ha continuato a sviluppare il loro pensiero sino al termine del periodo imperiale, creando un corpus di conoscenze cosmologiche di considerevoli dimensioni.

Principali emblemi cosmologici

I principali emblemi usati nella cosmologia cinese sono i seguenti:

(1) L'Orsa Maggiore (*beidou*), che rappresenta il centro del cosmo e la sua unità. Per mezzo della sua apparente rotazione intorno a sé stessa, questa costellazione distribuisce la sua energia vitale (o 'soffio', *qi*) all'intera estensione dello spazio e a tutti i cicli temporali. La descrizione classica di queste proprietà si trova in un brano dello *Shiji* (Memorie dello Storico):

> L'Orsa Maggiore è il carro dell'Imperatore [del Cielo].
> Ruota al centro e presiede sui quattro villaggi (*ovvero le quattro direzioni dello spazio*). Divide lo Yin dallo Yang, determina le quattro stagioni, regola i cinque agenti, muove i nodi [del tempo] e i gradi [dello spazio], e stabilisce le diverse sequenze (*ji*). Tutto questo è legato all'Orsa Maggiore. (*Shiji*, cap. 27)

Nel taoismo, l'Orsa Maggiore è, insieme alla Stella Polare che le è simbolicamente equivalente, la residenza del Grande Uno (Taiyi), il dio che rappresenta il principio di Unità.

5. DAO E COSMO

(2) Lo Yin e lo Yang, che sono i principali emblemi della dualità. Questi emblemi rappresentano due principi complementari — rispettivamente 'negativo' e 'positivo' — che svolgono due funzioni essenziali: generano entità e fenomeni attraverso la loro congiunzione, e regolano il funzionamento del cosmo attraverso la loro alternanza ciclica. Il noto simbolo Yin-Yang (fig. 2) esemplifica entrambi questi aspetti. Lo Yin (nero) e lo Yang (bianco) coincidono l'uno con l'altro, e allo stesso tempo si susseguono in un continuo movimento circolare. Inoltre, lo Yin contiene lo Yang e viceversa, un principio rappresentato dai punti di colore opposto presenti all'interno di ciascuna metà della figura. Infine, l'immagine illustra un concetto che compare in diversi contesti nel taoismo: Yin e Yang derivano dalla divisione dell'Uno nei Due, e la loro congiunzione a sua volta ricostituisce l'Uno, formando una triade rappresentata dalla somma dei numeri 1 e 2.

Fig. 2. L'emblema dello Yin e Yang.

Secondo un celebre enunciato dei "Detti Aggiunti" del *Libro dei Mutamenti*, "Uno Yin, uno Yang, questo è il Dao". Nel dire "uno Yin, uno Yang" (o, in un'altra possibile traduzione, "una volta Yin, una volta Yang") ci si riferisce all'alternanza ciclica di Yin e Yang nel cosmo. Quando uno dei due principi prevale, l'altro arretra, ma appena esso culmina, inizia a decadere; in quello stesso momento, l'altro principio inizia la sua ascesa. Questo modo di operare è visibile, ad esempio, nei cicli temporali del giorno (alternanza di giorno e notte, rispettivamente Yang e Yin) e dell'anno (alternanza delle quattro stagioni, dove la primavera e l'estate appartengono allo Yang, mentre l'autunno e l'inverno appartengono allo Yin). Nel dire "questo è il Dao", il *Libro dei Mutamenti* descrive la fonte dello Yin e dello Yang.

Un'altra chiara definizione dello Yin e dello Yang è data dal maestro taoista Liu Yiming (1734-1815), che in una delle sue opere formula la domanda:

> Se il Dao non ha forma e immagine, se esso è il Soffio Uno e incoato, perché il *Libro dei Mutamenti* dice "Uno Yin, uno Yang, questo è il Dao"?

Liu Yiming risponde:

> Le parole "uno Yin, uno Yang, questo è il Dao" esprimono l'operazione del Dao. Le parole "non ha forma e immagine" esprimono il fondamento del Dao. Prima che il Grande Polo si divida [in Yin e Yang], il Dao avvolge lo Yin e lo Yang. Dopo che il Grande Polo si divide, sono lo Yin e lo Yang a dare vita al Dao. [...] Nello stato preceleste vi è il Dao; nello stato postceleste, vi sono lo Yin e lo Yang. Il Dao è la radice dello Yin e dello Yang; lo Yin e lo Yang derivano dal Dao. Quando diciamo che il Grande Polo si divide e diviene lo Yin e lo Yang, e che lo Yin e lo Yang si congiungono e formano il Grande Polo, intendiamo che è Uno ma sono Due, e che sono Due ma è Uno.
> (*Xiuzhen biannan*)

(3) I cinque agenti (o le cinque fasi, *wuxing*), che servono a classificare e a rapportare l'uno all'altro elementi appartenenti ad ambiti diversi. I loro nomi sono Legno (*mu*), Fuoco (*huo*), Suolo (*tu*), Metallo (*jin*) e Acqua (*shui*). L'agente Legno, ad esempio, classifica nella stessa categoria la direzione est, la stagione primavera, i numeri 3 e 8, il colore verde (o blu), il pianeta Giove, l'organo interno fegato, e il fenomeno acustico *jue* (vedi tavola 1). Quattro dei cinque agenti rappresentano anche diversi stati dello Yin e dello Yang: lo 'Yang minore' (Legno), il 'grande Yang' (Fuoco), lo 'Yin minore' (Metallo), e il 'grande Yin' (Acqua), mentre il quinto agente (il Suolo) corrisponde al loro equilibrio o alla loro congiunzione.

Inoltre, i cinque agenti possono essere disposti in diverse sequenze. Due di esse sono particolarmente importanti nel pensiero correlativo. La prima è la sequenza di 'generazione' (*xiangsheng*): Legno → Fuoco → Suolo → Metallo → Acqua (leggere "il Legno genera il Fuoco, il Fuoco genera il Suolo", ecc.; alla fine del ciclo, l'Acqua genera il Legno). La seconda è la sequenza di 'conquista' (*xiangke*): Acqua → Fuoco → Metallo → Legno → Suolo (leggere "l'Acqua conquista il Fuoco, il Fuoco conquista il Metallo", ecc.; alla fine del ciclo, il Suolo conquista l'Acqua).

Nel modo di vedere taoista, i cinque agenti sono in primo luogo emblemi delle diverse modalità assunte dal Soffio Originale (*yuanqi*, o Soffio Uno, *yiqi*) del Dao nel cosmo. La funzione del quinto agente, il Suolo, è particolarmente importante: essendo posto al centro, il Suolo rappresenta la fonte da cui derivano gli altri quattro agenti, e garantisce la congiunzione del mondo della molteplicità all'Unità.

LA TRADIZIONE TAOISTA

	LEGNO	FUOCO	SUOLO	METALLO	ACQUA
DIREZIONI	est	sud	centro	ovest	nord
STAGIONI	primavera	estate	(mezza estate)	autunno	inverno
COLORI	verde	rosso	giallo	bianco	nero
ANIMALI EMBLEMATICI	drago verde	passero vermiglio	drago giallo	tigre bianca	serpente e tartaruga
NUMERI	3, 8	2, 7	5, 10	4, 9	1, 6
YIN-YANG (1)	Yang minore	Grande Yang	(equilibrio)	Yin minore	Grande Yin
YIN-YANG (2)	Vero Yin	Yang	(equilibrio)	Vero Yang	Yin
TRONCHI	*jia* 甲 *yi* 乙	*bing* 丙 *ding* 丁	*wu* 戊 *ji* 己	*geng* 庚 *xin* 辛	*ren* 壬 *gui* 癸
RAMI	*yin* 寅 *mao* 卯	*wu* 午 *si* 巳	*xu* 戌, *chou* 丑 *wei* 未, *chen* 辰	*you* 酉 *shen* 申	*hai* 亥 *zi* 子
PIANETI	Giove	Marte	Saturno	Venere	Mercurio
RELAZIONI	padre	figlia	antenato	madre	figlio
VISCERI	fegato	cuore	milza	polmoni	reni
ORGANI	occhi	lingua	bocca	naso	orecchie
NOTE MUSICALI	*jue* 角	*zhi* 徵	*gong* 宮	*shang* 商	*yu* 羽

Tavola 1. I cinque agenti (*wuxing*) e le loro associazioni.

5. DAO E COSMO

☰	☱	☲	☳	☴	☵	☶	☷
乾	兌	離	震	巽	坎	艮	坤
QIAN	DUI	LI	ZHEN	XUN	KAN	GEN	KUN
cielo	lago	fuoco	tuono	vento	acqua	montagna	terra
padre	figlia minore	seconda figlia	figlio maggiore	figlia maggiore	secondo figlio	figlio minore	madre
sud	sud-est	est	nord-est	sud-ovest	ovest	nord-ovest	nord
nord-ovest	ovest	sud	est	sud-est	nord	nord-est	sud-ovest

Tavola 2. Gli otto trigrammi (*bagua*) e le loro associazioni. Dall'alto in basso: elementi naturali, relazioni familiari, e direzioni nelle configurazioni cosmologiche 'preceleste' (*xiantian*) and 'postceleste' (*houtian*).

(4) Gli otto trigrammi dello *Yijing* (Libro dei Mutamenti), che come già detto sono formati da diverse combinazioni di tre linee spezzate (Yin) o intere (Yang). I loro nomi sono Zhen ☳, Li ☲, Dui ☱, Qian ☰, Xun ☴, Kan ☵, Gen ☶, e Kun ☷ (vedi tavola 2). Sia i trigrammi che gli esagrammi sono in origine legati a pratiche di divinazione, ma nel taoismo (così come nella cosmologia correlativa) il loro uso primario è ancora una volta puramente emblematico: entrambi rappresentano diversi stati dello Yin e dello Yang. Ad esempio, per quanto riguarda lo spazio, i trigrammi si riferiscono alle direzioni; in questo caso, quattro di essi rappresentano le direzioni cardinali (esattamente come quattro dei cinque agenti), mentre gli altri quattro rappresentano le direzioni intermedie. Un altro esempio riguarda gli esagrammi, che possono essere disposti in diverse sequenze. Una

di esse è la serie degli 'esagrammi primari' (*bigua*), in cui dodici esagrammi rappresentano l'ascesa del principio Yang (la linea intera) sino al suo culmine in Qian ☰, seguito dal suo declino e dalla contemporanea ascesa del principio Yin (la linea spezzata) sino al suo culmine in Kun ☷ (vedi tavola 3).

Tavola 3. I dodici 'esagrammi primari' (*bigua*).

Nell'insieme del taoismo, i trigrammi principali sono Qian ☰, Kun ☷, Kan ☵ e Li ☲; ma non è possibile comprendere le funzioni che svolgono nel suo contesto se vengono visti solo come trigrammi. Qian, Kun, Kan, e Li sono piuttosto principi che illustrano come il Dao genera il cosmo e si manifesta in esso. I trigrammi, e i corrispondenti esagrammi, sono immagini (*xiang*) che rappresentano questi principi. Come si legge in due brani del *Libro dei Mutamenti*:

> Grande davvero è Qian, l'origine! A esso devono il loro inizio le diecimila cose. [...] Perfetta davvero è Kun, l'origine! A essa devono la loro nascita le diecimila cose. (*Yijing*, "Commentario sul Giudizio" degli esagrammi Qian e Kun.)

Qian è il principio attivo ('creativo'), e Kun è il principio passivo ('ricettivo'); essi sono il Vero Yang (*zhenyang*) e il Vero Yin (*zhenyin*), rispettivamente, dell'ambito preceleste. Unendosi per dare nascita al cosmo, Qian affida il suo potere creativo a Kun, e Kun porta la creazione a compimento. Nella rappresentazione simbolica attraverso i corrispondenti trigrammi, lo Yang di Qian si sposta in Kun, e in risposta lo Yin di Kun si sposta in Qian: Qian ☰ diventa Li ☲, e Kun ☷ diventa Kan ☵. Pertanto Kan e Li

5. DAO E COSMO

rappresentano rispettivamente lo Yin e lo Yang nell'ambito postceleste.

Le immagini principali di Qian e Kun sono rispettivamente il Cielo e la Terra, che sono immutabilmente congiunti e non scambiano le loro posizioni. Le immagini principali di Kan e Li sono invece rispettivamente la Luna e il Sole, che crescono e decrescono nei loro cicli di ascesa e discesa. Poiché Kan ospita il vero Yang di Qian (la sua linea interna intera), e Li ospita il vero Yin di Kan (la sua linea interna spezzata), rendono possibile l'operazione del Dao nel cosmo.

(5) I tronchi celesti (*tiangan*) e i rami terrestri (*dizhi*), due serie di emblemi, rispettivamente composte da dieci e da dodici elementi, che servono a indicare sia le direzioni dello spazio che le unità di tempo. Ciascuna serie è associata ai cinque agenti e, attraverso questi ultimi, a tutti gli altri insiemi di entità e fenomeni classificati secondo il modello quinario (vedi tavole 4 e 5).

Come mostra la tavola 4, i tronchi *wu* e *ji* sono associati con l'agente Suolo e dunque rappresentano rispettivamente gli aspetti Yang e Yin dell'Unità. I Rami sono invece utilizzati principalmente per rappresentare i segmenti dei cicli temporali basati sul modello duodenario, ovvero il giorno con le sue dodici 'ore doppie' e l'anno con i suoi dodici mesi.

LA TRADIZIONE TAOISTA

	TRONCHI		AGENTI	DIREZIONI	COLORI	VISCERI	NUMERI
1	jia	甲	Legno	est	verde	fegato	3, 8
2	yi	乙					
3	bing	丙	Fuoco	sud	rosso	cuore	2, 7
4	ding	丁					
5	wu	戊	Suolo	centro	giallo	milza	5, 10
6	ji	己					
7	geng	庚	Metallo	ovest	bianco	polmoni	4, 9
8	xin	辛					
9	ren	壬	Acqua	nord	nero	reni	1, 6
10	gui	癸					

Tavola 4. I dieci tronchi celesti (*tiangan*) e le loro associazioni.

	RAMI		AGENTI	MESI LUNARI	ORE	NUMERI
1	zi	子	Acqua	11 (solstizio)	23–01	1, 6
2	chou	丑	Suolo	12	01–03	5, 10
3	yin	寅	Legno	1	03–05	3, 8
4	mao	卯	Legno	2 (equinozio)	05–07	3, 8
5	chen	辰	Suolo	3	07–09	5, 10
6	si	巳	Fuoco	4	09–11	2, 7
7	wu	午	Fuoco	5 (solstizio)	11–13	2, 7
8	wei	未	Suolo	6	13–15	5, 10
9	shen	申	Metallo	7	15–17	4, 9
10	you	酉	Metallo	8 (equinozio)	17–19	4, 9
11	xu	戌	Suolo	9	19–21	5, 10
12	hai	亥	Acqua	10	21–23	1, 6

Tavola 5. I dodici rami terrestri (*dizhi*) e le loro associazioni.

6

CIELI, DIVINITA', E RITUALI

In Cina, i confini tra taoismo, buddhismo, e religione comune sono molto meno marcati rispetto a quanto avviene nelle religioni monoteiste. A seconda delle esigenze e delle circostanze individuali, un laico può dedicare culti e rivolgere preghiere e petizioni indifferentemente a divinità taoiste, buddhiste, o popolari. Dal suo punto di vista, queste divinità fanno parte del pantheon degli 'esseri divini', e questo pantheon è unico.[1]

Se da un lato questo ha posto il taoismo in stretto contatto con la religione comune, dall'altro è stato anche causa di un rapporto controverso. Il taoismo intende intraprendere — nella maggior parte dei casi, va detto, senza successo — il duplice compito ideale di avvicinare la gente comune alle divinità che rappresentano il Dao, e allo stesso tempo di rispondere alle sue più immediate esigenze religiose. Di conseguenza, come ha osservato Peter Nickerson, "i taoisti, proprio perché si basavano su tradizioni di pratica che affermavano di aver superato, erano costretti a tentare di distinguersi dai loro predecessori e dai loro concorrenti popolari".[2] Una delle opzioni era quella di demonizzare gli dèi della religione comune:[3] nel corso della sua storia, il taoismo ha proibito culti rivolti a spiriti e a divinità minori, esattamente come ha proscritto l'agopuntura (la guarigione

---

1. 'Religione comune' è un termine più appropriato rispetto a 'religione popolare', se con quest'ultimo termine si intendono solo le credenze e i culti delle classi sociali meno elevate. Di fatto, le classi superiori (persino, come è stato dimostrato, la famiglia dell'imperatore) condividevano spesso le stesse credenze e gli stessi culti.
2. Trad. da Nickerson, "Taoism and Popular Religion", 148.
3. Mollier, "Visions of Evil: Demonology and Orthodoxy in Early Daoism".

doveva avvenire attraverso la confessione dei peccati o attraverso altri mezzi rituali sotto il controllo di un officiante taoista) e la divinazione (compiuta da specialisti laici che non appartenevano a scuole o lignaggi taoisti).[4] Ciò nonostante, molti esempi dimostrano che si usava anche il procedimento opposto, ovvero l'integrazione di tali culti e pratiche: per citare ancora Nickerson, "già all'inizio del periodo medioevale, il taoismo comprendeva tra i suoi riti diverse pratiche proibite, e gli stessi culti popolari iniziavano a servirsi di sacerdoti taoisti".[5]

Uno dei motivi alla base di questi atteggiamenti divergenti — o se si preferisce, contraddittori — può essere l'intento di mettere a profitto la popolarità di certi culti e la richiesta di servizi religiosi di base. Un altro motivo può essere l'intento di non rendersi alieni alla gente comune e di rendere tributo alle tradizioni religiose locali. Un terzo motivo, che in parte combina i due precedenti, può essere quello di fornire il necessario sostegno alle proprie attività e a quelle del tempio. In tutti questi casi, il taoismo ha incorporato alcune pratiche della religione comune nei suoi riti e ha accettato varie divinità della religione comune nel suo pantheon. Tuttavia, il fine dichiarato del taoismo è sempre rimasto quello di 'trasformare' (*hua*) la gente comune, un termine che in questo contesto significa educarla a venerare le divinità che impersonano il Dao, invece di affidarsi a culti rivolti a spiriti e a divinità minori, e soprattutto a riti eseguiti da altri officianti — in particolare, il medium o lo 'sciamano'. Abbiamo già accennato (cap. 3) al fatto che il taoismo definisce tali culti e riti 'volgari' (o 'profani', *su*) ed 'eccessivi' (o 'illeciti', *yin*), e li ha condannati nel corso della sua intera storia.[6] Come è stato notato, il principale concorrente del sacerdote taoista all'interno delle comunità

---

4. Per l'esempio più noto, vedi Nickerson, "Abridged Codes of Master Lu for the Daoist Community".
5. Nickerson, "Taoism and Popular Religion"; vedi anche Stein, "Religious Taoism and Popular Religion from the Second to Seventh Centuries"; Lagerwey, *Taoist Ritual in Chinese Society and History*, 241-52.
6. Kleeman, "Licentious Cults and Bloody Victuals".

6. CIELI, DIVINITA', E RITUALI

locali, sia nel passato che nel presente, non è il monaco buddhista o il funzionario confuciano, ma il praticante di 'arti sciamaniche' che opera entrando in contatto con il mondo degli spiriti.[7]

I cieli taoisti

Insieme al rituale, di cui parleremo più avanti in questo capitolo, uno dei principali elementi che distingue il taoismo dalla religione comune è la rappresentazione dell'ambito celeste. Nel corso della sua storia, il taoismo ha rappresentato questo ambito sotto forma di molteplici sistemi di cieli, solitamente disposti in modo gerarchico. In diversi casi, questi cieli non sono solo residenze di divinità, ma sono anche legati alla rivelazione di insegnamenti e di corpus testuali, e corrispondono inoltre a gradi di ordinazione sacerdotale e a stati spirituali interiori. L'esistenza di questi molteplici sistemi riflette lo sviluppo della religione taoista: varie tradizioni hanno creato un proprio sistema per dimostrare che i rispettivi metodi derivano da un ambito celeste più elevato rispetto a quelli di tradizioni precedenti, e quindi sono più efficaci e concedono l'accesso a uno stato spirituale superiore.

La religione e il pensiero antico fanno riferimento a un unico Cielo (*tian*), visto come la residenza di Shangdi (l'Imperatore Supremo) oppure considerato esso stesso come un'entità divina. Intorno al II secolo a.C. ha origine l'idea dei Nove Cieli (*jiutian*), visti come nove settori orizzontali dello spazio, corrispondenti al centro e alle otto direzioni e complementari ai Nove Continenti (*jiuzhou*) terrestri. Alcuni testi taoisti ereditano questa visione; più spesso, però, i Nove Cieli sono rappresentati nel taoismo in una disposizione verticale (ovvero gerarchica), e ognuno di essi è visto come uno stadio nel processo di differenziazione del Soffio Originale (*yuanqi*) del Dao allorché esso dà alla luce il cosmo. In

---

[7]. Seidel, *Il Taoismo, religione non ufficiale della Cina*, 74-75; vedi anche Lagerwey, *Taoist Ritual*, 216-18, che descrive un episodio emblematico.

altri casi, i Nove Cieli sono generati dai soffi delle Tre Chiarezze (Sanqing), le principali divinità taoiste. Le tre divinità producono dapprima i soffi detti 'misterioso' (*xuan*), 'originale' (*yuan*), e 'iniziale' (*shi*); poi ciascun soffio si divide in tre. In questo modo, dunque, i Nove Cieli costituiscono un'ulteriore suddivisione dei cieli delle Tre Chiarezze.

L'idea dei Nove Cieli continuò a esistere durante le Sei Dinastie, ma in una configurazione diversa, legata soprattutto alla Via dei Maestri Celesti. Tre dei nove cieli sono le residenze delle Tre Chiarezze; gli altri sei sono associati con entità demoniache e sono i regni della morte, che si trova nel nord, la direzione che nella cosmologia cinese è associata con il principio Yin e quindi con il numero 6 (vedi tavola 1).

Nuove rappresentazioni dell'ambito celeste emersero dopo le rivelazioni Shangqing e Lingbao. I trentadue cieli del Lingbao sono disposti orizzontalmente, con ogni cielo che occupa un settore di un cerchio. Al loro centro vi è il Grande Velo (Daluo), il cielo supremo. La lingua parlata in queste sfere si basa su suoni rappresentati per iscritto da una sorta di pseudo-sanscrito, chiamato Lingua Segreta del Grande Brahmā.[8] I trentasei cieli dello Shangqing, invece, sono disposti verticalmente. Questo sistema fu creato dopo il modello Lingbao e si basa in parte su esso. In una delle molteplici liste, il cielo supremo è ancora una volta il Grande Velo. Al di sotto si trovano i cieli delle Tre Chiarezze, seguiti dai quattro cieli del 'popolo-seme' (*zhongmin*, che sopravvive alla fine del presente ciclo cosmico). Più in basso, rivelando una chiara influenza del buddhismo, si trovano i quattro cieli dell'Assenza di Forma, i diciotto cieli della Forma, e i sei cieli del Desiderio.

Come già detto (cap. 4), le Tre Chiarezze riflettono la sistematizzazione delle tradizioni taoiste dopo le rivelazioni Shangqing e Lingbao. Il termine Tre Chiarezze definisce in generale sia le tre divinità supreme che i cieli in cui risiedono. Anche se questo rimase il modello taoista classico degli ambiti celesti, fu modifi-

---

8. Bokenkamp, *Early Daoist Scriptures*, 385-89.

6. CIELI, DIVINITA', E RITUALI

cato in diversi modi. Un esempio è il sistema elaborato da Tao Hongjing (456-536), che comprende sette cieli: sei di essi risultano dalla suddivisione di ognuna delle Tre Chiarezze in due livelli, mentre il settimo è il Fengdu, il regno sotterraneo dei morti. Altri sistemi furono elaborati in tempi successivi; tra questi vi è il sistema della scuola Shenxiao, che pone l'omonimo Empireo Divino (*shenxiao*) al centro di nove sfere celesti.[9]

Il pantheon

Come abbiamo già detto, le supreme divinità taoiste sono le Tre Chiarezze (Sanqing), ognuna delle quali regna su un cielo. Le Tre Chiarezze sono associate a diverse epoche pre-cosmiche, dalle quali derivano a loro volta i corpus testuali delle Tre Caverne (vedi il cap. 4). Nel corso della storia del taoismo, le Tre Chiarezze sono state accompagnate, ma mai sostituite, da altre divinità che di fatto possono condividere con loro il titolo di 'divinità supreme'. Le più importanti sono Daojun, o Signore del Dao, che rappresenta lo stesso Dao in forma divina;[10] Taiyi, o Grande Uno, che illustra la fondamentale unità del cosmo; e Yuhuang, o Sovrano di Giada, il principale dio della religione comune prima della sua incorporazione nel pantheon taoista durante il periodo Song. Oltre a queste va ricordato che Laojun (il Signore Lao, Laozi divinizzato) è sempre rimasto, almeno simbolicamente, la prima divinità taoista.

Il rapporto tra queste e altre divinità con il Dao viene spesso definito per mezzo del termine *hua*, che letteralmente significa 'trasformazione' ma qui può forse essere inteso nel senso di 'emanazione'. Diversi dèi, come ad esempio gli 'imperatori' (*di*)

---

9. J.M. Boltz, *A Survey of Taoist Literature*, 26-33; Despeux, "Talismans and Sacred Diagrams", 513.

10. E' solo in questo caso che il taoismo rappresenta il Dao come una divinità. Daojun compare soprattutto in testi che presentano le loro dottrine come enunciati direttamente emessi dal Dao, di solito introducendoli con la formula "Il Signore del Dao disse ...".

delle cinque direzioni, sono immagini antropomorfiche degli stessi principi cosmologici che servono a spiegare come il Dao, o il suo Soffio Originale, si dispiega nel cosmo (vedi il cap. 5). Ma insieme a quello cosmologico, un modello diverso, e in molti casi più importante, usato per descrivere il pantheon è quello burocratico. Diversi dèi risiedono in una 'corte' che rispecchia quella dell'imperatore terreno. Una conseguenza di questa corrispondenza tra la burocrazia celeste e quella terrena è che in certi casi è l'imperatore terreno che si assume il compito di canonizzare ufficialmente le divinità celesti. Per citare i due esempi principali, questo avvenne per Taiyi (il Grande Uno) durante la dinastia Han, e per Yuhuang (il Sovrano di Giada) durante la dinastia Song.

Oltre a quelle menzionate sopra, un gran numero di divinità, molte delle quali sono condivise con la religione comune o con il buddhismo, oppure provengono da culti locali, contribuiscono a formare un pantheon che ha confini indefiniti ed è impossibile descrivere in modo compiuto, perché assume forme diverse in luoghi e tempi diversi.[11] Per fare alcuni esempi, tra queste divinità si trovano Xiwang mu (la Regina Madre d'Occidente, un'antica dea degli immortali nel cui giardino crescono le 'pesche dell'immortalità'); Jiuku tianzun (il Venerabile Celeste che Allevia le Sofferenze, una divinità di origine buddhista che si manifesta in dieci forme per salvare le anime dei vivi e dei defunti); Wenchang (associato all'omonima costellazione e strettamente legato a un culto locale nel Sichuan, ma venerato anche come dio della letteratura); Doumu (la Madre dell'Orsa Maggiore, una dea di origine indiana, legata in particolare ai bambini e al parto); Mazu (una donna che visse nel tardo X secolo e venne divinizzata come protettrice dei marinai e pescatori, ma anche delle donne che desiderano un figlio); Zhenwu (il protettore della dinastia Ming, legato all'Orsa Maggiore e dotato di poteri di esorcismo e guarigione); Wen Yuanshuai (il Maresciallo Wen, che donò la

---

11. Vedi Lagerwey, *China: A Religious State*, 19-55; iconografia in Little, *Taoism and the Arts of China*, Delacour et al., *La voie du Tao*, Huang, *Picturing the True Form*, e Fava, *Aux portes du ciel*.

6. CIELI, DIVINITA', E RITUALI

vita per evitare che gli 'spiriti della peste' avvelenassero i pozzi locali); e gli stessi 'spiriti della peste', che sono placati in rituali taoisti chiamati Offerte alla Peste (*wenjiao*).

La funzione della scrittura

Le principali divinità rivelano testi, insegnamenti, e metodi direttamente o tramite loro rappresentanti. Ad esempio, i testi Shangqing e Lingbao — le cui dottrine sono considerate precosmiche — hanno preso forma nelle prime fasi della formazione del cosmo da caratteri coagulati spontaneamente a partire dal Soffio Originale o da suoni generati dalla sua vibrazione.[12] I testi sono dapprima trasmessi nei cieli da una divinità all'altra, sinché un essere divino o un immortale li trascrive in caratteri comprensibili agli esseri umani. Le scritture che circolano nel nostro mondo sono però versioni parziali e inferiori dei loro prototipi divini. Vari testi sono infatti rappresentati nel Canone Taoista sotto forma dei 'caratteri primordiali' in cui erano originariamente scritti (per un esempio, vedi fig. 3).

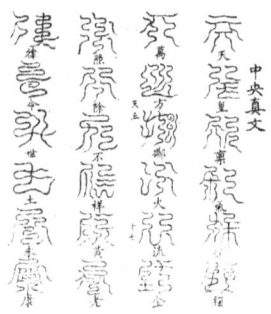

Fig. 3. 'Caratteri primordiali' in un testo taoista.

12. Robinet, *La meditazione taoista*, 27-30; Bokenkamp, *Early Daoist Scriptures*, 386-87.

Il *logos* taoista, come in generale quello cinese, non è dunque parlato, ma scritto. Questo ha un'importante conseguenza sul rapporto tra gli esseri umani e gli dèi. Allo stesso modo in cui gli dèi solitamente concedono rivelazioni sotto forma di testi, la forma tipicamente taoista di comunicare con loro è la scrittura: con le dovute eccezioni, come ha osservato Anna Seidel, le divinità cinesi "non parlano e non ascoltano, ma scrivono e leggono".[13] Abbiamo già visto un esempio di questo fenomeno nelle petizioni inviate agli dèi per conto di un malato da parte degli officianti del Tianshi dao (cap. 3). Un esempio ancora più importante si osserva nel rituale, dove il sacerdote legge una 'dichiarazione' (*shu*) agli dèi per annunciare la cerimonia eseguita in loro onore, dichiararne il fine, specificarne il programma, ed elencare i nomi di coloro che la promuovono, e poi trasmette al Cielo altri documenti scritti.[14]

Oltre a permettere di comunicare con gli dèi, la scrittura conferisce anche potere sui demoni. Diversi studiosi hanno notato che in Cina la scrittura era, alle origini, un mezzo per comunicare con il mondo soprannaturale e soprattutto per controllare i suoi aspetti più oscuri. A proposito dei demoni, Seidel ha notato che "la rivelazione dei loro nomi attraverso la scrittura li sottomise al potere degli uomini".[15] In base a questa e ad analoghe osservazioni di altri studiosi, James Robson ha osservato che "le prime forme di scrittura in Cina non erano usate per trascrivere il linguaggio umano, ma, piuttosto, lo precedevano", e servivano anzitutto a comunicare con le divinità e gli spiriti.[16]

---

13. Seidel, *Il Taoismo, religione non ufficiale della Cina*, 34.
14. Schipper, "The Written Memorial in Taoist Ceremonies". Vedi più avanti in questo capitolo la traduzione parziale di una 'dichiarazione'.
15. Seidel, *op. cit.*, 34; vedi anche Seidel, "Imperial Treasures and Taoist Sacraments, 320-23.
16. Robson, "Signs of Power: Talismanic Writing in Chinese Buddhism", 136-38. Possiamo notare qui che una simile definizione delle prime forme di caratteri cinesi, molto diverse dai caratteri usati oggi, è

6. CIELI, DIVINITA', E RITUALI

Fig. 4. Talismani taoisti.

Chiare tracce dei 'caratteri primordiali', sia celesti che umani, sono visibili anche nei cosiddetti talismani (*fu*, un termine quasi esattamente corrispondente al significato originale del greco *symbolon*), che sono tracciati su carta o su altri supporti in caratteri difficilmente comprensibili agli esseri umani, ma intelligibili agli dèi (vedi fig. 4).[17] Come le scritture rivelate — alcune delle quali, di fatto, sono evolute da essi — i talismani hanno controparti celesti, e quindi servono a identificare e autenticare i loro possessori di fronte degli dèi. I talismani conferiscono il potere di evocare le divinità e controllare i demoni, ma inoltre proteggono lo spazio e guariscono le malattie; vengono portati sul proprio corpo, apposti alle quattro direzioni, collocati lungo il sentiero che conduce alla propria abitazione, o anche bruciati per bere le loro ceneri con acqua.

---

stata data, da un punto di vista puramente linguistico, anche da William Boltz. Vedi Boltz, "The Invention of Writing in China", 6.

17. Despeux, "Talismans and Sacred Diagrams"; Mollier, "Talismans"; Robson, "Signs of Power: Talismanic Writing in Chinese Buddhism".

I *rituali di Offerta e di Merito*

Oltre al sistema dei cieli, i rituali sono l'elemento principale che distingue il taoismo dalla religione comune. Per celebrare tali rituali, un sacerdote taoista, o *daoshi*, deve ricevere l'ordinazione. Questa consiste essenzialmente nel conferimento di testi, talismani, e soprattutto del 'registro' (*lu*), un documento di investitura che il sacerdote riceve in varie fasi della sua carriera e che definisce il suo rango, i riti che può officiare, e le divinità e gli spiriti sui quali ha controllo. Tradizionalmente il sistema di ordinazione comprende diversi gradi, il primo dei quali è l'ordinazione nella Via dei Maestri Celesti (l'entrata nel sacerdozio) mentre il più alto è l'ordinazione come Maestro delle Tre Caverne (*sandong*), che rappresentano l'insieme dell'insegnamento taoista. La funzione sacerdotale viene in genere trasmessa all'interno di una famiglia, e in particolare di padre in figlio.

Al giorno d'oggi, le due principali cerimonie taoiste sono i rituali di Offerta (*jiao*) e di Merito (*gongde*).[18] Il rituale di Offerta viene celebrato per rinnovare il legame tra una comunità — dal villaggio all'impero — e gli dèi. Il rituale di Merito è invece una cerimonia funebre eseguita per garantire che il defunto non venga trattenuto negli inferi, ma possa ascendere al Cielo. Le due cerimonie sono anche rispettivamente definite rituale 'puro' (*qing*) e rituale 'oscuro' (*you*). In entrambe, il sacerdote compie un viaggio interiore verso il Cielo e consegna un documento agli dèi per conto della comunità o dei parenti del defunto.

Secondo Kristofer Schipper,[19] i rituali di Offerta e di Merito sono entrambi caratterizzati da quattro parti principali:

1. Installazione dell'area rituale, che rappresenta la creazione del mondo, ricostruita nello spazio microcosmico.

---

18. Sulla loro storia e sulle forme di rituale taoista più antiche vedi Benn, "Daoist Ordination and *Zhai* Rituals in Medieval China"; Andersen, "*Jiao* [Offering]"; e Lagerwey, *China: A Religious State*, 58-93.

19. Schipper, *Il corpo taoista*, 95-97.

6. CIELI, DIVINITA', E RITUALI

2. Riti di purificazione (*zhai*), celebrati per ottenere merito (questa parte ha particolare importanza nel rituale di Merito).

3. Riti di Offerta (*jiao*), celebrati per ristabilire il patto con gli dèi, ai quali vengono offerti liquore e carni cotte o essiccate (questa parte è specialmente importante nel rituale di Offerta).

4. Dispersione dell'area rituale, che comporta l'oblazione rituale degli scritti sacri e dei seggi in cui le divinità hanno assistito al rito.

Il rituale di Offerta viene richiesto e organizzato dai rappresentanti della comunità attraverso la sua 'associazione laica', che è anche responsabile del tempio o del santuario locale.[20] Quando il *daoshi* riceve la richiesta di celebrare un'Offerta, convoca i suoi assistenti per organizzare e poi eseguire il rituale. La celebrazione dura in genere uno, due, tre, cinque, o dieci giorni, ma i preparativi (in particolare, la preparazione dei documenti scritti) richiedono un periodo molto più lungo.

Sia in tempi antichi che al giorno d'oggi, l'Offerta rappresenta un ciclo temporale completo, e la disposizione dell'altare riproduce la struttura spaziale del cosmo.[21] In un altare descritto nel *Wushang biyao* (I Supremi Principi Essenziali; tardo VI secolo), ciascun lato misura ventiquattro piedi, corrispondenti ai ventiquattro periodi dell'anno, e contiene tre tavoli dedicati ai Tre Sovrani (Sanhuang) del Cielo, della Terra, e dell'Umanità. Corrispondenze spaziali sono evidenti anche in un altro altare, costruito in modo da corrispondere agli otto trigrammi nei suoi quattro lati e quattro angoli, e ai dodici rami terrestri (*dizhi*) lungo il suo contorno.[22] L'area rituale, del resto, è un microcosmo non solo in rapporto al cosmo nei suoi aspetti spaziali e temporali, ma anche in rapporto alle divinità. Le loro immagini o

---

20. Lagerwey, *Taoist Ritual*, 51-167; Schipper, *Il corpo taoista*, 91-123; Dean, "Daoist Ritual Today", 670-77.

21. Lagerwey, *Taoist Ritual*, 25-48.

22. Schipper e Wang, "Progressive and Regressive Time Cycles in Taoist Ritual", 191.

i loro nomi sono dipinti su rotoli collocati in posizioni ove esse discendono per assistere alla cerimonia.

Nel suo studio sul rituale taoista, John Lagerwey traduce la 'dichiarazione' (*shu*) rivolta al Cielo dal *daoshi* Chen Dingsheng durante un'Offerta a Tainan (Taiwan) nel 1980, eseguita per celebrare la costruzione di un tempio e per "pregare per la pace". Ne riproduciamo qui alcuni brani:

> L'umile servo responsabile degli Uffici dei Tuoni e dei Fulmini, dell'ufficio di presidenza dell'Orsa Maggiore, della Clinica Celeste, ministro immortale del registro canonico dell'Alleanza con le Potenze dell'Unità Ortodossa, in possesso e praticante dei metodi rituali dell'Empireo Divino, Chen Dingsheng, tremante e timoroso, fa riverenza, si prostra, e inchinandosi cento volte si rivolge al Cielo. [...] [*Segue l'esposizione del fine del rituale e l'elenco dei suoi organizzatori.*]
>
> Preghiamo affinché il Sovrano del Cielo ci benedica e il Signore della Terra ci renda favore. [...] Facciano essi sì che l'intera regione goda di pace e tranquillità, e che dèi e uomini vivano insieme in armonia. Non lascino che si verifichino calamità. Possano gli studenti laurearsi a pieni voti e i contadini cantare per la pienezza dei loro granai; possano i mercanti fare profitto e gli operai avere ciò di cui hanno bisogno. [...]
>
> Per tre giorni e tre notti eseguiremo rituali: in un'ora di buon auspicio inizieremo battendo il tamburo, e poi accenderemo le lampade d'olio per eliminare il male. Per prima cosa, invieremo i documenti per informare le autorità dei Tre Regni che stiamo preparando un banchetto per loro. [...] [*Segue una lunga lista delle cerimonie da eseguire durante i tre giorni.*]
>
> Il vostro umile servo, Chen Dingsheng, si inchina tre volte e presenta la dichiarazione al Cielo.[23]

---

23. Trad. da Lagerwey, *Taoist Ritual*, 61-63.

6. CIELI, DIVINITA', E RITUALI

Mentre l'Offerta viene celebrata nell'area rituale, una festa ha luogo sulle strade, con processioni (la statua del dio tutelare locale viene trasportata attraverso il quartiere), musica, e spettacoli teatrali. Oltre a questo duplice aspetto 'esterno' ed 'interno', una distinzione più importante è quella tra le parti del rituale che sono pubbliche e quelle che si svolgono a porte chiuse, cui solo i rappresentanti della comunità possono assistere.

Nel rituale di Merito,[24] viene inviato agli inferi un 'documento di perdono' chiedendo che i carcerieri delle Prigioni Terrestri (la traduzione letterale di *diyu*, uno dei termini cinesi per 'inferno') liberino il defunto. Questo rito è accompagnato da una rappresentazione teatrale a carattere popolare, interpretata da medium, chiamata Distruzione dell'Inferno (*poyu*). Mentre da un lato questa rappresentazione consiste nella distruzione di un modello dell'inferno sotto forma di una fortezza, dall'altro essa ha anche una finalità esorcistica: quella di garantire che il defunto ascenda al cielo e non torni nel mondo umano infestando i viventi. Altre parti importanti del rituale funebre sono lo Scioglimento dei Nodi (*jiejie*) che legano il defunto agli inferi,[25] e l'Attraversamento del Ponte (*guoqiao*), in cui coloro che partecipano alla cerimonia camminano su un ponte di carta che rappresenta l'ascesa al Cielo. Infine, gli assistenti del sacerdote eseguono spettacoli teatrali (in particolare, la famosa storia di Mulian, che scese agli inferi per salvare la madre). La dispersione dell'area rituale comprende l'offerta di un 'registro' (*lu*), il cui fine è far sì che il defunto possa unirsi al Dao e acquisire, anche se dopo la morte, il rango di immortale.

---

24. Lagerwey, *op. cit.*, 169-237.
25. Come vedremo (cap. 10), *jiejie* è lo stesso termine che designa una pratica di meditazione Shangqing, il cui fine è (in modo non dissimile dal rituale di Merito) quello di eliminare i 'nodi della morte'.

7

SOTERIOLOGIA

Raggiungere la longevità (*changsheng*, *shou*) o ottenere l'immortalità (*busi*, ecc.) è il fine dichiarato di pratiche legate a molte tradizioni taoiste, e questi e simili termini sono tra i più frequenti nei rispettivi testi. Entrambi i concetti, inoltre, fanno parte delle descrizioni dello stato di santità o di realizzazione.

In generale, la liberazione è rappresentata nel taoismo secondo due modelli principali: l'"unione con il Dao' (*hedao* e termini simili) e l'incorporazione nella burocrazia celeste (non come divinità, ma come funzionario di quella burocrazia). La più alta forma di liberazione è spesso descritta come 'ascendere al Cielo' (*shengtian*), raggiungere l'"immortalità celeste' (*tianxian*), o in termini analoghi. Il concetto generale di immortalità, però, è stato interpretato in modi diversi a seconda delle prospettive dei diversi lignaggi, testi e autori. Il tema è così vasto e complesso che sarà possibile presentare solo alcuni dei suoi aspetti.

Terminologia

Per 'soteriologia' si intendono qui in modo generale gli insegnamenti sulla trascendenza (*du*, lett. 'oltrepassare, andare al di là'; *chaofan rusheng*, lett. 'trascendere l'ordinario ed entrare nella santità'; ecc.) e la liberazione (*jie*), e sugli stati di santità e di realizzazione. Prima di avvicinarci a questo tema, è opportuno esaminare alcuni punti che riguardano la soteriologia taoista nel complesso, e in particolare la sua terminologia.

I termini taoisti che si riferiscono alla santità e alla realizzazione comprendono *shengren* (santo o saggio); *shenren* (uomo divino o 'uomo di spirito'); *zhenren* (uomo realizzato, uomo vero, uomo perfetto); *xianren* (immortale, trascendente); e *zhiren* (uomo compiuto).[1] Questi termini sono spesso usati come sinonimi uno dell'altro, e anche quando si descrivono gerarchie di santità o di realizzazione, la terminologia è lungi dall'essere coerente. In generale, però, si ritiene che lo *shengren* (santo o saggio) e lo *shenren* (uomo divino) possiedano il loro stato sin dalla nascita; si noti, in particolare, che *shengren* è il termine con cui si descrive l'essere pienamente realizzato nel *Daode jing*. La condizione di uomo realizzato (o 'vero', *zhenren*), può invece sia essere innata che derivare dal compimento di pratiche taoiste.[2]

Il più generale dei termini menzionati sopra è *xianren*, solitamente reso come 'immortale' o 'trascendente', anche se nessuna delle due è una vera e propria traduzione. I dizionari di Cinese Classico definiscono *xian* (僊, una forma antica del carattere di uso comune, ovvero 仙) come verbo che significa 'alzarsi in volo agitando le maniche' (ovvero le braccia) in modo simile a un paio di ali.[3] Questa definizione corrisponde alle prime rappresentazioni grafiche degli 'uomini alati' (*yuren*), che sono i progenitori degli immortali in quanto esseri in grado di ascendere al cielo, ed è legata al tema antico dell'"uomo-uccello" (*renniao*), intermediario e messaggero tra cielo e terra.[4]

Tra diverse altre, una descrizione dei gradi di trascendenza che è divenuta classica nel taoismo si trova nel *Baopu zi* (Il Maestro che Abbraccia la Natura Spontanea; cap. 2), risalente al 320 circa. Qui Ge Hong menziona tre gradi, chiamati 'immortalità celeste' (*tianxian*), in cui al termine della vita si ascende direttamente al cielo; 'immortalità terrena' (*dixian*), in cui si continua a risiedere sulle montagne; e 'immortalità attraverso la liberazione

---

1. La parola *ren*, parte di tutti i composti qui menzionati, non significa 'maschio'. 'Uomo' è usato qui e di seguito nel senso premoderno di 'persona, essere umano'.

2. Sull'"uomo realizzato" vedi Lagerwey, "*Zhenren*".

3. Questa definizione, che a mia conoscenza è stata data per la prima volta dal lessicografo Duan Yucai (1735-1815), viene spesso citata in fonti e studi più tardi.

4. Huang, *Picturing the True Form*, 135-64; Pregadio, "The Man-Bird Mountain".

dal corpo mortale' (*shijie xian*), che, come vedremo, richiede di attuare una 'morte simulata'. Per quanto riguarda l'ascensione al Cielo, va notato che mentre questo modo di liberazione è il più alto, non trasforma un essere umano in una divinità: anziché divenire un dio, si diviene un assistente degli dèi, o semplicemente uno dei molti immortali che dimorano nei cieli taoisti.[5]

La liberazione nel taoismo

Lo stato di completa liberazione in vita, che nel taoismo è l'unione con il Dao, è alla base del *Daode jing* ed è descritto in molti brani del *Zhuangzi* e in varie altre opere. Per la persona che raggiunge questo grado di liberazione, neppure ascendere al Cielo comporta un cambiamento di stato. Avendo ottenuto la liberazione completa in vita, quell'essere rimane nel mondo sin quando le condizioni che sostengono la sua esistenza si esauriscono. Nulla resta da perfezionare prima o dopo che la sua esistenza si concluda: "Vita e morte non sono diverse per lui", dice il *Zhuangzi* (cap. 2); "egli prende vita e morte come una singola trasformazione (*yihua*)", aggiunge lo *Huainan zi* (cap. 7). Dopo aver trascorso la vita in accordo con il 'mandato' o il 'destino' (*ming*) che gli è stato assegnato dal Cielo, lascia il mondo quando ha terminato di svolgervi la sua funzione.

In altri contesti, questa visione fondamentale viene definita con più precisione oppure modificata in vari modi. Anzitutto, lo stato di perfezione può essere innato o può essere raggiunto per mezzo di pratiche. In conformità con l'enunciato del *Daode jing*, queste pratiche di regola non consistono nell'aumentare il proprio potenziale per la realizzazione, ma nel ridurre ciò che lo ostacola: "Per lo studio, si aumenta di giorno in giorno; per il Dao, si riduce di giorno in giorno" (sez. 48). La riduzione può assumere varie forme: ad esempio, porre fine agli attaccamenti,

---

5. Lagerwey, *Wu-shang pi-yao*, 181-85. Per una diversa interpretazione, vedi Puett, *To Become a God*, *passim*.

ai desideri, e alla dipendenza dall'attività mentale per mezzo di metodi di meditazione; oppure ridurre le attività o le occupazioni (*shi*) mondane; oppure 'purificare' (*lian*, lett. 'raffinare') i componenti materiali dell'essere umano per mezzo di pratiche interiori, in particolare alchemiche.

In secondo luogo, mentre la liberazione può essere raggiunta in vita, in certi casi essa richiede la rinuncia al corpo mortale e la generazione di una persona immortale. Questo processo ha spesso inizio con il concepimento di un nuovo 'embrione'. Come vedremo, ciò può avvenire in diversi modi, compresi casi in cui i beneficiari delle proprie pratiche, o di quelle effettuate per proprio conto da un sacerdote, sono persone già decedute, ovvero i propri antenati.

Infine, opere agiografiche taoiste e altre fonti menzionano un numero imprecisato di 'immortali' o 'trascendenti' (*xianren*). Ci occuperemo per primo di questo tema.

Gli immortali

Secondo le opere agiografiche, gli immortali taoisti sono personaggi storici, semi-storici, o del tutto leggendari che trascendono i limiti della normale esistenza umana per mezzo delle loro pratiche. Come ha mostrato Benjamin Penny, dei loro poteri fanno parte, in vari modi e misure a seconda dei singoli casi, la capacità di trasformarsi in creature o oggetti diversi; il possesso di corpi straordinari, privi di segni di invecchiamento e capaci di compiere miracoli e prodezze; l'abilità di controllare persone, animali, e oggetti mediante la padronanza del *qi* (il 'soffio' vitale); il dono di guarire i malati; e la facoltà di predire il futuro.[6] Il potere principale posseduto dagli immortali, tuttavia, è certamente quello di raggiungere una durata di vita indefinita. E' soprattutto nelle opere agiografiche che l'idea della perfettibilità umana viene intesa in un senso che è, allo stesso tempo, più

---

6. Penny, "Immortality and Transcendence", 125-26.

7. SOTERIOLOGIA

elementare e più ideale: una eccezionale longevità, se non l'immortalità del corpo fisico.

Mentre le agiografie dedicate a una singola divinità (in particolare, Laozi nel suo aspetto divino) costituiscono una categoria a parte,[7] quelle riguardanti gli immortali contengono storie esemplari di uomini e donne che hanno raggiunto lo stato di realizzazione o di santità (ma non lo stato 'divino': gli immortali non sono dèi). Le più antiche raccolte esistenti sono il *Liexian zhuan* (Biografie di Immortali Esemplari), probabilmente risalente al I secolo a.C., e lo *Shenxian zhuan* (Biografie dei Divini Immortali), tradizionalmente attribuito a Ge Hong anche se non vi sono prove conclusive sulla sua paternità.[8]

Quella che potremmo considerare la prima descrizione di un immortale si trova nel *Zhuangzi*:

> ... c'è un uomo santo che vive sui lontani monti Gushe, con la pelle simile a ghiaccio o a neve, gentile e timido come una giovane donna. Non si nutre dei cinque cereali, ma inala il vento, beve la rugiada, sale sulle nuvole e sulle nebbie, cavalca un drago volante, e vaga tra i quattro mari. Concentrando il suo spirito, è capace di proteggere le creature dalle malattie e dalle epidemie, e di far sì che i raccolti siano abbondanti. (*Zhuangzi*, cap. 1; Watson, *The Complete Works of Chuang-tzu*, 33)

Anche se questo brano è divenuto una descrizione ideale dell'immortale all'interno della tradizione taoista, in tempi successivi i racconti si concentrano su personaggi storici o presentati come tali. Molti di questi racconti sono legati a culti locali e riflettono tradizioni orali, ma le opere agiografiche che le raccolgono sono state spesso composte da letterati, alcuni dei quali non avevano

---

7. Sulle agiografie di Laozi vedi Kohn, *God of the Dao*, 7-36.

8. Il *Liexian zhuan* e lo *Shenxian zhuan* sono tradotti rispettivamente in Kaltenmark, *Le Lie-sien tchouan*, e in Campany, *To Live as Long as Heaven and Earth*. Sulla data dello *Shenxian zhuan* vedi Penny, "The Text and Authorship of *Shenxian zhuan*".

molto a che fare con il taoismo in sé ma erano interessati alla conservazione di tradizioni locali, oppure all'insolito e allo 'straordinario'. Fatto ancora più importante, le opere agiografiche erano destinate alla circolazione aperta e non erano oggetto di trasmissione tra taoisti iniziati o ordinati. In altre parole, le raccolte di agiografie potevano essere lette come 'introduzioni al taoismo' rivolte al pubblico comune, la cui conoscenza del loro soggetto spesso non andava molto al di là quello che trovava scritto in queste opere. Praticamente ogni cinese conosceva (e ancora oggi conosce) almeno qualcosa su personaggi mitici quali Pengzu,[9] oppure sui famosi Otto Immortali.[10]

Se si guarda ad altre fonti appartenenti alle tradizioni che si sono evolute nel corso della storia del taoismo, emerge un'immagine diversa. Queste fonti mostrano che gli adepti taoisti non intendevano raggiungere l'immortalità nel corpo fisico; intendevano invece servirsi del corpo per generare una nuova persona (*shen*) non soggetta alla morte. Questo modo di vedere e le relative pratiche riguardano una parte molto ampia del taoismo: dall'antica Via dei Maestri Celesti sino alla tarda Alchimia Interna (Neidan). Tra le altre, opere taoiste datate tra il II e il VI secolo descrivono due vie principali per raggiungere l'immortalità, destinate a chi non può direttamente ascendere al Cielo. La prima consiste nell'attuare una 'morte simulata', seguita dalla purificazione del corpo fisico in un 'corpo spirituale', che diviene poi il fondamento della propria pratica. La seconda via consiste nel generare un embrione interiore che non è soggetto alla morte, ed è il seme della propria rinascita come immortale. Questi due vie di realizzazione saranno i temi delle prossime tre sezioni di questo capitolo.

---

9. Campany, *To Live as Long as Heaven and Earth*, 172-86.
10. Penny, op. cit., 117-18.

7. SOTERIOLOGIA

'Simulare la morte'

Alcuni testi taoisti descrivono la liberazione come una rinascita che ha luogo in vita, ma solo dopo avere rinunciato al proprio corpo mortale. Nella prima descrizione di questo processo, legata alla Via dei Maestri Celesti e databile alla seconda metà del II secolo, l'adepto si sottopone a una 'morte simulata' (*tuosi*) e si trasferisce in una regione celeste chiamata Palazzo del Taiyin, o della Grande Oscurità, dove il suo corpo viene purificato (*lian*). Questo processo culmina in una rinascita (*fusheng*, lett. 'nuova nascita') in un corpo che si conserva per un tempo indeterminato.[11]

Due secoli dopo, una descrizione più elaborata di questo processo si trova in una delle principali scritture della tradizione Shangqing (Chiarezza Suprema), basata su pratiche di meditazione (vedi il cap. 4). Anche in questo caso, l'adepto mette in atto una 'morte temporanea' e si trasferisce nella Grande Oscurità, dove la sua forma corporea viene purificata, e il suo corpo e il suo spirito vengono riassemblati a partire dai cinque visceri e dalle ossa.[12] Un'altra descrizione dello stesso processo aggiunge due importanti dettagli. Anzitutto l'intero processo viene diretto da diverse divinità, tra cui il Grande Uno (Taiyi) e l'Amministratore del Destino (Siming), incaricato della durata di vita di ogni individuo. Secondo, e più importante, l'adepto rinasce per mezzo di un 'ritorno all'embrione' (*fantai*), ovvero ripercorrendo il proprio sviluppo embrionale:

> Poi [le divinità] lo fanno riapparire quando vogliono, che sia in trent'anni, o venti, o dieci, o cinque. Quando sta per tornare in vita, raccolgono il suo sangue e ricostruiscono la sua carne, rianimano i suoi liquidi e coagulano i suoi fluidi, ripristinano la sua materia e lo fanno tornare

---

11. Vedi Bokenkamp, *Early Daoist Scriptures*, 102 e 135.
12. Robinet, "Metamorphosis and Deliverance from the Corpse in Taoism", 63; Seidel, "Post-mortem Immortality, or: The Taoist Resurrection of the Body", 231.

allo stato embrionale, completano la sua forma fisica e purificano la sua materia. Così il suo aspetto è migliore di quanto non fosse prima di morire. Questo è ciò che si intende quando si parla di una persona realizzata (*zhenren*) che purifica la propria persona nella Grande Oscurità, e cambia il proprio aspetto nei Tre Uffici.[13] (*Wushang biyao*, cap. 87)

Questo brano mostra chiaramente che il processo non consiste nel perfezionare il corpo fisico per renderlo immortale. L'adepto, invece, viene interamente ri-generato tornando anzitutto allo stato di embrione.

'Liberazione dal corpo mortale'

La generazione di un nuovo corpo libero dalla morte è ancora più evidente nella pratica taoista dello *shijie*, ovvero 'liberazione dal corpo mortale' o 'dal cadavere'.[14] Nonostante le sue diverse versioni, in base all'agiografia taoista i punti principali di questa pratica possono essere descritti come segue. (1) L'adepto attua una 'morte simulata': questo è l'elemento principale che lega la 'liberazione dal corpo mortale' alle descrizioni citate sopra. (2) Il suo cadavere, che si trovi sul letto di morte o in una tomba, viene sostituito da diversi oggetti: solitamente una spada, un bastone,

---

13. Entrambe le descrizioni riassunte sopra provengono del *Jiuzhen zhongjing* (Libro Centrale dei Nove Realizzati). La seconda versione, più dettagliata, faceva in origine parte dello stesso testo, ma si conserva oggi solo in altre fonti. Vedi Strickmann, "On the Alchemy of T'ao Hung-ching", 182-83, che traduce un brano corrispondente del *Zhengao* (Dichiarazioni dei Realizzati). I Tre Uffici (o Tre Funzionari, *sanguan*) sono le divinità di Cielo, Terra, e Acqua.

14. Sullo *shijie* vedi Robinet, "Metamorphosis and Deliverance from the Corpse in Taoism", 57-66; Seidel, "Post-mortem Immortality", 230-32; Cedzich, "Corpse Deliverance, Substitute Bodies, Name Change, and Feigned Death"; Campany, *To Live as Long as Heaven and Earth*, 52-60.

7. SOTERIOLOGIA

o un paio di sandali, ma a volte anche vestiti o testi. (3) Dopo essersi liberato dal corpo mortale, l'adepto cambia nome. (4) L'adepto non torna più nel suo luogo di origine e si ritira invece su una montagna, ma a volte vive tra gli altri esseri umani o anche "nel mercato della città".

Al di là dei racconti agiografici, una rara descrizione di come la 'liberazione dal corpo mortale' avviene in quanto pratica taoista si trova in un'importante fonte risalente, nella sua forma originale, alla fine del III secolo. Dopo aver ingerito una medicina e aver tracciato un talismano (*fu*), l'adepto visualizza sé stesso "come morto". Poi si toglie i vestiti, cambia nome, ed entra nelle montagne senza più tornare dove è nato o ha vissuto:

> Dopo aver ingerito la Medicina per la Liberazione dal Corpo Mortale per il numero di giorni prescritto, traccia il talismano in rosso su seta bianca, e posalo sul tuo ventre. In un giorno *wu* o *ji*, sdraiati con la testa rivolta verso ovest, e visualizza te stesso come morto.[15] Dopo un certo tempo, togliti i vestiti, lasciali dove ti eri sdraiato, e cammina dritto entrando nelle montagne. Quando sei abbastanza lontano, cambia nome. Non tornare mai nella tua città natale. Dopo che sei andato via, la gente si accorgerà che dove ti eri sdraiato c'è un cadavere; ma poco dopo, all'improvviso, nessuno saprà dov'è. (*Lingbao wufu xu*, cap. 2; trad. basata su Cedzich, "Corpse Deliverance, Substitute Bodies, Name Change, and Feigned Death", 28, con modifiche)

Questo brano mostra che la 'liberazione dal corpo mortale' richiede pratiche di meditazione. Allo stesso tempo, ne fanno parte anche aspetti rituali: in un senso alquanto letterale, l'adepto mette in scena la sua morte, e i suoi familiari o i suoi compagni taoisti partecipano alla rappresentazione, affermando che il

---

15. Nel sistema dei cinque agenti, i giorni *wu* e *ji* sono legati al Suolo (vedi tavola 4), e rappresentano dunque simbolicamente il centro del cosmo.

cadavere del praticante è scomparso ed è stato sostituito da altri oggetti.[16]

Il cambiamento di nome da parte chi esegue lo *shijie* è stato descritto come un semplice sotterfugio per eludere gli spiriti incaricati di mettere in atto le direttive dei 'registri della vita e della morte', nei quali si stabilisce la durata di vita di ogni persona: ingannati dal cambiamento di nome dell'adepto, quegli spiriti non sono più in grado di localizzarlo e di causarne la morte. Per questo motivo, la pratica dello *shijie* è stata definita "ingannevole", a differenza dell'ascensione al Cielo che sarebbe invece un "metodo di trascendenza non illecito".[17] I testi taoisti, però, non definiscono mai lo *shijie* come 'illecito'. Affermano invece che questa forma di liberazione è inferiore rispetto all'"ascendere al Cielo' per la sua natura temporanea: chi attua la 'liberazione dal corpo mortale' non ha ancora raggiunto uno stato sufficientemente avanzato per ottenere la completa liberazione in vita, e ha bisogno di un ulteriore periodo di perfezionamento che non può avvenire nella forma fisica in cui attualmente dimora. E' significativo, inoltre, che l'espressione 'cambiare nome' (*gaiming*) sia un sinonimo e un omofono di 'cambiare destino' (*gaiming*). Il cambiamento di nome quindi non ha soltanto il fine di ingannare gli spiriti. E' simbolicamente equivalente all'atto meditativo e rituale del 'togliersi i vestiti': si abbandona la propria persona, e la si sostituisce con un'altra, generata da sé stessi. Questa nuova persona diviene il centro della propria pratica.

---

16. Gli oggetti che sostituiscono il cadavere svolgono la stessa funzione dei 'corpi di sostituzione' (*tishen*) negli antichi riti funerari: sostituiscono il defunto. Questo è, difatti, il significato originario della parola *shi*. Mentre questa parola comunemente significa 'cadavere' o 'corpo mortale', negli antichi riti funerari lo *shi* era una persona vivente (in genere il nipote) che personificava il defunto. In questo senso, il termine *shijie* può anche essere inteso come 'liberazione mediante la simulazione di un cadavere'.

17. Campany, *To Live as Long as Heaven and Earth*, 59.

7. SOTERIOLOGIA

Ri-generazione in vita

Come abbiamo visto, in una delle versioni della 'rinascita nella Grande Oscurità' le divinità fanno 'tornare all'embrione' l'adepto. Questa idea viene sviluppata in altre pratiche taoiste, dove però è l'adepto stesso che genera il proprio embrione interiore. Nel contesto di queste pratiche, il concetto del 'cambiamento di destino' è ancora più evidente rispetto a quelle descritte sopra.

Un primo esempio di questa diversa immagine dell'embrione si trova in fonti legate all'antica Via dei Maestri Celesti. Una delle cerimonie eseguite nelle sue comunità era la cosiddetta Unione dei Soffi (*heqi*), un rito di congiunzione sessuale che è stato descritto come "un esercizio austero e dalla coreografia complessa".[18] Il fine del rito non era la creazione di un embrione umano, ma dell'embrione di un essere perfetto, concepito sia dal maschio che dalla femmina attraverso la coagulazione di tre diversi tipi di 'soffi' (*qi*). L'embrione veniva generato nella Porta del Destino (*mingmen*), un punto del corpo situato nell'addome: questo è un primo accenno al fatto che il concepimento dell'embrione interiore è strettamente legato al proprio destino e soprattutto al cambiamento del proprio destino. Attraverso la generazione dell'embrione, chi eseguiva il rito entrava a far parte del 'popolo-seme' (*zhongmin*), gli esseri umani che avrebbero ottenuto la salvezza alla fine del presente ciclo cosmico.

Per quanto riguarda le pratiche di meditazione, la prima fonte esistente che ingiunge il concepimento di un embrione è lo *Huangting jing*, o *Libro della Corte Gialla* (vedi il cap. 10). In uno dei suoi versi, quest'opera menziona un 'immortale embrionico' (o 'immortale allo stato embrionale', *taixian*) che risiede nei tre Campi di Cinabro (*dantian*). Altrove, lo stesso testo richiede di generare un 'essere vivente' (*shengshen*) nel proprio grembo:

---

18. Mollier, "Conceiving the Embryo of Immortality", 90. Vedi anche Raz, *The Emergence of Daoism*, 186-202, e Kleeman, "The Performance and Significance of the Merging the Pneumas (*Heqi*) Rite in Early Daoism".

Facendo coagulare l'essenza e dando nutrimento al
grembo, genererai un essere vivente;
conserva l'embrione, interrompi [il flusso del]l' essenza
(*jing*), e vivrai una lunga vita.
(*Huangting jing*, versione 'Interna', sez. 20.)

Anche le pratiche di meditazione Shangqing comprendevano metodi per la creazione di un corpo immortale, o di un sé immortale, per mezzo del ritorno a un embrione generato da sé stessi. L'esempio principale di queste pratiche è quello dello 'sciogliere i nodi' (*jiejie*), in cui un adepto riproduce in meditazione il proprio sviluppo embrionale.[19] Secondo uno dei testi che descrivono questa pratica, il processo della gestazione umana comporta la formazione di 'nodi'. Mentre la loro funzione è quella di "tenere insieme i cinque visceri", essi sono anche responsabile della morte:

> Quando si nasce, vi sono nel grembo dodici nodi che tengono insieme i cinque visceri. I cinque visceri vengono ostruiti e schiacciati, e i nodi non possono essere slegati e rimossi. Pertanto, le malattie degli esseri umani sono dovute alle ostruzioni causate da questi nodi, e l'estinzione del proprio destino (*ming*, ovvero la morte) è dovuta al loro rafforzamento. (*Shangqing jiudan shanghua taijing zhongji jing*, cap. 3)

Per sciogliere i nodi della morte, il praticante deve svolgere una complessa pratica di meditazione che dura un anno. Significativamente, la pratica inizia all'anniversario non della propria nascita, ma del proprio concepimento. Nei primi nove mesi, l'adepto riceve i 'soffi dei nove cieli' (*jiutian zhi qi*), e ogni volta uno dei suoi organi interni viene trasformato in oro o in giada. Poi, negli ultimi tre mesi, visualizza il Padre Originale nel Campo

---

19. Vedi Robinet, *La meditazione taoista*, 163-68; Robinet, *La révélation du Shangqing dans l'histoire du Taoïsme*, 1: 178-79 e 2: 171-74; e Bokenkamp, "Simple Twists of Fate", 158-62.

di Cinabro superiore, e la Madre Originale in quello inferiore. I loro soffi si congiungono nel Campo di Cinabro centrale per generare un embrione immortale.

Ancora una volta, il concepimento di questo embrione è legato al concetto taoista del 'cambiare destino'. Nella fisiognomica cinese (*xiangshu*), le ossa sono l'aspetto principale del corpo legato al destino. Come ha notato Stephen Bokenkamp, nel metodo riassunto sopra le ossa dell'embrione iniziano a formarsi nel secondo mese di gestazione. E' anche in quel mese che le divinità prendono nota del suo destino: ovvero, del nuovo destino dell'adepto in quanto immortale.[20]

Salvezza dopo la morte

I testi Shangqing descrivono anche pratiche di meditazione compiute al fine di salvare i propri antenati confinati negli inferi, che vengono trasformati in immortali tornando anzitutto allo stato embrionale.[21] Fonti Lingbao descrivono pratiche rituali eseguite per lo stesso fine.[22] Diversi secoli dopo, queste pratiche sarebbero evolute in due direzione principali. La prima è quella del metodo della Salvezza tramite Purificazione (*liandu*), in cui il sacerdote taoista scende negli inferi per liberare le anime dei defunti e condurle nel regno della Chiarezza di Giada (Yuqing). La seconda si osserva nel Neidan, o Alchimia Interna, dove la pratica viene spesso descritta come il concepimento, la gestazione, e la nascita di un embrione immortale (vedi il cap. 12).[23]

---

20. Bokenkamp, "Simple Twists of Fate", 159-60.
21. Lagerwey, *Wu-shang pi-yao*, 206-8; Robinet, *La révélation du Shangqing dans l'histoire du Taoïsme*, 1: 170-73.
22. Bokenkamp, "Death and Ascent in Ling-pao Taoism", 7-14.
23. La Salvezza tramite Purificazione è descritta in tre testi del Canone Taoista. Sulle prime due versioni vedi Lagerwey, *Taoist Ritual in Chinese Society and History*, 232-35, e J.M. Boltz, "Opening the Gates of Purgatory: A Twelfth-century Meditation Technique for the Salvation of Lost

LA TRADIZIONE TAOISTA

Nella Salvezza tramite Purificazione, l'intera sequenza di eventi si svolge all'interno del sacerdote; i diversi luoghi celesti e infernali menzionati nel sommario che segue corrispondono a luoghi della sua persona, compreso il Fengdu, ovvero gli inferi, che si trova nella regione dei reni. Il corpo dell'officiante è dunque il supporto attraverso il quale le divinità sono abilitate a svolgere il loro lavoro salvifico: quando, ad esempio, il Venerabile Celeste emette raggi di luce, questo avviene perché l'officiante emette una luce dal proprio Campo di Cinabro superiore, che si trova dietro al punto tra le sue sopracciglia.

Per iniziare il rito, l'officiante brucia incenso, si inchina, e recita nove volte le *Stanze Preziose per la Vitalizzazione degli Spiriti*, inviando di volta in volta il proprio soffio (*qi*) verso il Campo di Cinabro inferiore. Lo splendore dei nove soffi si coagula nel Campo di Cinabro e forma un bambino "che gli somiglia in aspetto". Per mezzo dei soffi dei cinque visceri, il bambino viene trasportato dal Campo di Cinabro inferiore a quello superiore. Mentre una perla si coagula nel Campo di Cinabro superiore, il bambino si trasforma nella divinità suprema, il Venerabile Celeste dell'Inizio Originale (Yuanshi tianzun). Siede su un leone all'interno della perla, e santi e realizzati di tutti i cieli si prostrano dinanzi a lui.

Dal punto tra le sopracciglia dell'officiante, il Venerabile Celeste emette raggi luminosi che illuminano gli inferni del Fengdu (situato "sotto l'ombelico" dell'officiante e identificato come "i suoi reni"). Ogni raggio manifesta la perla dapprima coagulata nel Campo di Cinabro superiore, e ogni perla manifesta tutti i cieli con i loro santi e realizzati. I raggi di luce dissipano l'oscurità degli inferi, che si trasformano in Terre Pure. Cavalcando quei raggi in molteplici incarnazioni, il Venerabile Celeste che Allevia le Sofferenze (Jiuku tianzun) entra nel Fengdu. Quando i suoi cancelli vengono aperti, l'Imperatore del Nord

Souls". Il sommario che segue si basa sulla terza versione, che si trova nello "Shenghua chaodu yinlian bijue" (Istruzioni Segrete sulla Purificazione Occulta per il Ritorno alla Vita e la Salvezza delle Anime).

7. SOTERIOLOGIA

(il sovrano del Fengdu) e i suoi funzionari gli rendono omaggio. Poi il Venerabile Celeste dell'Inizio Originale ordina ai Sovrani Celesti (Tianwang) delle dieci direzioni di scendere negli inferi e liberare le anime.

Ora può avere luogo la purificazione delle anime con acqua e fuoco. Per prima cosa, le acque del Fiume Celeste scendono (lungo la colonna vertebrale dell'officiante) dallo Stagno Fiorito (la sua bocca) e si riversano nel Pozzo Orientale (un punto vicino al suo Campo di Cinabro inferiore). Le anime colpevoli si bagnano in queste acque e "ritornano nei loro cuori al corretto Dao"; vengono purificate con "acqua del *dharma* di rugiada dolce" e nutrite con "cibo del *dharma*" sinché sono sazie. Poi vengono guidate a salire lungo il ponte dell'Ufficio del Fuoco (la colonna vertebrale) e a raggiungere la Collina Vermiglia (il Campo di Cinabro centrale). Alla presenza di varie divinità, tra cui il Grande Signore della Lunga Vita (Changsheng dajun), l'Amministratore del Destino (Siming), e l'Amministratore dei Registri (Silu, ovvero i 'registri di vita e morte'), le anime vengono purificate in fuochi roventi.

Infine, le anime indossano abiti celesti. Centomila draghi di fuoco le conducono attraverso la Torre a Dodici Piani (la trachea). Da quel punto, volano nello spazio e raggiungono il regno della Chiarezza di Giada. Si inchinano dinanzi al Venerabile Celeste dell'Inizio Originale, "che le conduce all'interno della luce della propria persona".

8

LA VISIONE DEL CORPO UMANO

E' praticamente impossibile distinguere la visione taoista del corpo dalla visione dell'essere umano nel suo complesso, e questo punto costituisce di per sé un aspetto centrale del modo di vedere taoista. Il taoismo non si interessa all'anatomia e alla fisiologia. Il corpo fisico svolge una funzione diversa: supporta vari tipi di metafore che esprimono il rapporto dell'intera persona con il principio primo, il Dao.

L'enfasi data agli aspetti simbolici del corpo è anche l'aspetto principale in cui il taoismo si distingue dalla medicina tradizionale cinese: il taoismo vede il corpo come strumento per 'tornare al Dao'. Catherine Despeux richiama l'attenzione su questo punto, notando che i taoisti "hanno considerato il corpo nei suoi fini pratici, nelle sue applicazioni, elaborando tecniche corporee di vario tipo che tendono a liberare l'individuo dai vincoli del corpo fisico, e di conseguenza ad affidare un ruolo importante al corpo simbolico".[1]

Corpo, forma, persona

La comune concezione occidentale del corpo come struttura fisica non può trasmettere la complessità della visione cinese premoderna. Questa visione ruota intorno a tre termini principali. Il primo, *ti* 體 o 'corpo', si riferisce alla struttura corporea come un insieme ordinato di parti interdipendenti; denota il corpo fisico fatto di pelle, carne, arti, ossa, muscoli, tessuti, vasi e ogni altro componente materiale. Il secondo termine, *xing* 形 o

---

1. Trad. da Despeux, "Le corps, champ spatio-temporel, souche d'identité", 87-88.

'forma', va inteso — almeno in una prospettiva taoista — soprattutto in contrasto all'idea di 'assenza di forma' (*wuxing*), che è propria del Dao. In questo senso, 'forma' si riferisce alla caratteristica che identifica ogni entità nel 'mondo della forma', distinguendola da tutte le altre ma anche mettendola in relazione con esse. Pertanto la 'forma', piuttosto che il 'corpo', è il principio di individualità a livello fisico, ed è dunque su questo aspetto che si deve lavorare per 'tornare al Dao'.[2] Il terzo termine, *shen* 身, è il più ampio e generale: denota l'essere umano in tutti i suoi aspetti sia fisici che non fisici. La migliore traduzione di *shen* è spesso 'persona', ma a volte questo termine può anche essere reso come 'sé stessi'. Ad esempio, un'espressione come *xiushen* significa 'coltivare la propria persona' o 'coltivare sé stessi'; si riferisce alla coltivazione non solo del corpo, ma dell'intera persona.[3]

Ciascuno dei tre aspetti del 'corpo' menzionati sopra richiede gli altri due, ma la varietà di concetti espressi da questi termini pone la questione di quale tra essi sia al centro del discorso taoista. Sarebbe difficile dire che il taoismo si concentra sul corpo fisico: diversi luoghi alla base delle pratiche taoiste, ad esempio i tre Campi di Cinabro (*dantian*), non esistono neppure a livello puramente fisico. In altri casi, i luoghi alla base delle pratiche taoiste hanno controparti corporee, ma le loro funzioni emblematiche sono più importanti di quelle svolte dalle parti del corpo in sé. L'esempio principale è quello dei cinque visceri (*wuzang*). Nel suo discorso sui visceri, il taoismo mostra poco o nessun interesse per gli organi fisici di per sé; i visceri servono, invece, da supporti materiali per la rete di corrispondenze che legano

---

2. Questo è il motivo per cui la purificazione del corpo è chiamata nel taoismo *lianxing* o 'purificazione della forma'.

3. Altre spiegazioni di questi termini, alcune delle quali contrastano con quelle qui suggerite, si trovano in Kohn, "Taoist Visions of the Body", 241-47; Sivin, "State, Cosmos, and Body in the Last Three Centuries B.C,", 14; Despeux, "Le corps, champ spatio-temporel, souche d'identité", 88-89; Engelhardt, "Longevity Techniques and Chinese Medicine", 95-96.

8. LA VISIONE DEL CORPO UMANO

l'essere umano ai suoi ambiti immediati e remoti: la società e il cosmo.

Modelli di 'corpo simbolico'

Una visione semplicemente anatomica del corpo, pertanto, è la minore di tutte le preoccupazioni nel taoismo. Piuttosto che il *ti* (il corpo fisico), il discorso e le pratiche del taoismo si concentrano sul *xing* (la 'forma') e lo *shen* (l'intera persona). Mantenere il corpo fisico in buona salute non è fine a sé stesso; serve a garantire che il corpo, le sue parti e i suoi organi possano svolgere le loro funzioni emblematiche.

Fig. 5. Figura umana circondata da emblemi cosmologici.

Queste funzioni emblematiche fanno riferimento a quella che Kristofer Schipper ha chiamato la 'visione simbolica' del corpo e a quello che Catherine Despeux ha chiamato il 'corpo simbolico'.[4] Questa visione si basa su certe nozioni e rappresentazioni fondamentali, che ricevono maggiore o minore enfasi a seconda dei singoli casi. All'interno del taoismo nel suo complesso, si possono distinguere cinque diversi modelli del corpo:[5]

1. Il modello cosmologico, dove l'essere umano è visto come un microcosmo che contiene e riproduce tutte le caratteristiche principali del macrocosmo (fig. 5).

2. Il modello politico, dove l'essere umano è paragonato a un sistema amministrativo, che a sua volta è parallelo ai sistemi burocratici dello stato e del cielo.

3. Il modello teologico, che vede il corpo come residenza delle divinità interne visualizzate e nutrite nella meditazione.

4. Il modello naturale, che riguarda la rappresentazione del corpo come paesaggio — in particolare, una montagna — con picchi, corsi d'acqua e altri tratti corrispondenti a specifici luoghi interni o a 'flussi di energia' (fig. 6 e 9).[6]

5. Il modello alchemico, dove il corpo contiene gli ingredienti dell'elisir e gli strumenti necessari per comporlo, tra cui la fornace, il tripode, e il fuoco.

---

4. Schipper, *Il corpo taoista*, 128 segg.; Despeux, "Le corps, champ spatio-temporel, souche d'identité", 98.
5. Vedi Pregadio, "The Alchemical Body in Daoism".
6. Per rappresentazioni grafiche, vedi Huang, *Picturing the True Form*, 78-81.

8. LA VISIONE DEL CORPO UMANO

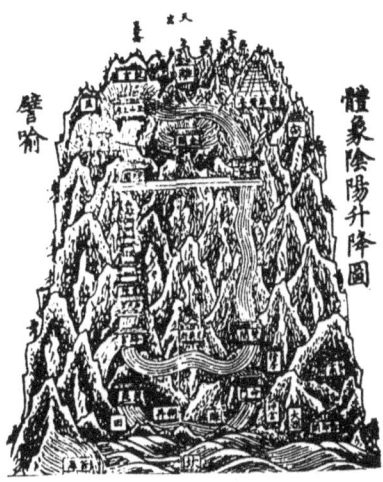

Fig. 6. Il corpo umano raffigurato come una montagna.

Queste cinque rappresentazioni non sono modelli in competizione tra loro, e anzi spesso si sovrappongono l'uno all'altro. Ad esempio, i principi che operano nel cosmo e le divinità interiori che li incarnano sono in larga misura equivalenti: è possibile comprenderli e rappresentarli in termini astratti, in forme divinizzate, o simultaneamente in entrambi i modi. Anche alcuni aspetti del modello cosmologico e di quello alchemico sono identici. Allo stesso modo, le illustrazioni del corpo come paesaggio contengono i palazzi che servono da sedi per l'amministrazione del corpo.[7]

Il modello teologico, quello naturale, e quello alchemico saranno descritti nei prossimi capitoli. Secondo gli altri due modelli (quello cosmologico e quello amministrativo) l'ordine del macrocosmo si riflette non in uno, ma in due microcosmi: il corpo umano e lo stato. La prossima sezione riguarda questi due modelli.

7. Huang, ibid.

Macrocosmo e microcosmi

La corrispondenza tra cosmo e corpo umano è presente nell'intera struttura della cosmologia cinese, ma è soprattutto al centro del sistema dei cinque agenti. Come abbiamo visto (cap. 5), questo sistema consiste essenzialmente nel classificare diverse entità macrocosmiche, microcosmiche, numeriche, e di altro tipo in un modello quinario, e nel rapportare ciascuna entità a tutte le altre. Ogni entità diviene dunque un emblema della categoria (o 'agente') alla quale appartiene. Allo stesso tempo, la sua funzione è definita in base alla posizione che occupa all'interno del sistema nel suo complesso. Ad esempio, quando la primavera e il fegato vengono assegnati all'agente Legno, essi svolgono la stessa funzione simbolica in rapporto a tale agente; ne segue che il fegato, invece di essere un semplice organo fisico, collega l'essere umano alla primavera e a tutti gli altri fenomeni rappresentati dal Legno.

Altre espressioni della dottrina macrocosmo-microcosmo non si basano sui cinque agenti. Stabiliscono invece analogie tra aspetti del cosmo e parti o funzioni del corpo umano, spesso in base a somiglianze di forma o a corrispondenze numeriche. Lo *Huainan zi* (Il Maestro dello Huainan, 139 a.C.) presenta tali analogie in questo modo:

> La rotondità della testa è un'immagine del Cielo; la quadratura dei piedi è un'immagine della Terra. Il cielo ha 4 stagioni, 5 agenti, 9 direzioni (*ovvero le direzioni cardinali, quelle intermedie, e il centro*), e 366 giorni; l'essere umano di conseguenza ha 4 arti, 5 visceri, 9 orifizi, e 366 articolazioni. Il cielo ha il vento e la pioggia, il freddo e il caldo; l'essere umano di conseguenza ha il dare e il prendere, la gioia e la collera. Quindi la cistifellea è le nuvole; i polmoni sono l'aria (*qi*); il fegato è il vento; i reni sono la pioggia; e la milza è il tuono. Come risultato, l'essere umano è intimamente legato al Cielo e alla Terra. E il cuore è il suo sovrano. (*Huainan zi*, cap. 7)

8. LA VISIONE DEL CORPO UMANO

Simili insiemi di corrispondenze allomorfiche sono descritti in altre opere basate su un'analoga visione del cosmo, dell'uomo, e del loro rapporto.[8] Alcune corrispondenze ricorrono più volte: ad esempio, il Cielo corrisponde alla testa (a causa della sua rotondità); la Terra ai piedi (a causa della loro 'quadratura'); il Sole e la Luna alle orecchie e agli occhi (o ciascuno di essi a uno dei due occhi); le quattro stagioni ai quattro arti; i mesi e i giorni alle articolazioni maggiori e minori; e il vento al respiro. Le differenze tra queste opere sono meno importanti rispetto alla loro visione di base: le forme e le funzioni dell'essere umano corrispondono a quelle del Cielo e della Terra.

Il taoismo ha ereditato questo modo di vedere a partire dal III secolo d.C., quando iniziò a incorporare la cosmologia correlativa nelle sue dottrine e nelle sue pratiche. Un esempio particolarmente chiaro si trova in un importante testo scritto intorno al 300, in cui si afferma:

> La forma corporea di una persona (*shenxing*) contiene il Cielo e la Terra. Non vi è nulla che non le serva come modello: il Sole e la Luna; l'Orsa Maggiore con le sue stelle Cerchio di Giada, Armilla, e Bilancia di Giada; le cinque montagne sacre e i quattro grandi corsi d'acqua; le montagne, i fiumi, e i mari; il Conte del Vento e il Maestro della Pioggia; le stelle e gli dèi del Suolo e del Miglio; l'unicorno e la fenice; il drago, la tigre, e il Guerriero Oscuro; i cinque cereali, il gelso, e la canapa; i sei animali domestici, il bue, e il cavallo; gli uccelli, i quadrupedi, i pesci, le tartarughe, e i rettili; i bambù, gli alberi, e le cento erbe.

Come mostra questo brano, il modello cosmologico comprende anche elementi di quello naturale. Entrambi i modelli, inoltre, si integrano perfettamente con quello teologico e quello politico. Questo punto è dimostrato dallo stesso testo, che continua dicendo:

---

8. Vedi Sivin, *Traditional Medicine in Contemporary China*, 56-58.

> Vi sono anche il Figlio del Cielo con i tre duchi, i nove marchesi, i ventisette dignitari, e gli ottantuno signori. E vi sono le nove province, le 120 comanderie, i 1.200 distretti, i 18.000 villaggi, i 36.000 quartieri, e i 180.000 siti. E vi sono anche palazzi e torri, case e dimore, porte e cancelli, pozzi e forni, pentole e bollitori, e vivande e cereali cosicché gli dèi possano mangiare e bere. Chi sa questo potrà vivere a lungo. (*Lingbao wufu xu*, cap. 1)

L'uso della metafora politica nella coltivazione di sé, riflesso nel brano tradotto sopra, si ispira a un aspetto centrale della cosmologia cinese: il governo deve modellarsi sui principi che operano nel cosmo, e ciò richiede anzitutto che il sovrano si conformi a tali principi. La funzione del sovrano in quanto *capo* dello stato implica che egli sia il garante formale dell'armonia tra cosmo e umanità: disfunzioni nel suo operato provocano disturbi in cielo, in terra, e soprattutto all'interno della società.

Il principio secondo cui il sovrano deve coltivare sé stesso al fine di perfezionare il suo governo è uno dei temi alla base di uno dei principali commentari al *Daode jing* (Libro della Via e della sua Virtù), attribuito a Heshang gong (tradizionalmente datato al II secolo d.C., ma di almeno due secoli più tardo). L'affermazione più esplicita di questo principio si trova nelle note sulla frase, "Il santo nel suo governo svuota i loro cuori (*oppure*: le loro menti) e riempie i loro stomachi" (*Daode jing*, sez. 3), dove Heshang gong scrive: "Questo significa che per il santo il governo dello stato (*zhiguo*) e il governo di sé stesso (*zhishen*) sono la stessa cosa". Il commentario stabilisce lo stesso parallelo in molti altri brani. Ad esempio, commentando la frase, "Nel governare il popolo e nel servire il Cielo, nulla vi è di meglio della parsimonia" (sez. 59), Heshang gong afferma:

> Nel governare lo stato, si deve sentire affetto per le persone e i loro beni, e non si deve dissipare né essere arroganti. Nel governare sé stessi, si deve sentire affetto per l'essenza (*jing*) e il soffio (*qi*), e non si deve lasciarli sfuggire. [...] La persona e lo stato sono la stessa cosa.

8. LA VISIONE DEL CORPO UMANO

Vari altri testi taoisti stabiliscono lo stesso parallelo tra la coltivazione di sé e il governo dello stato. Uno degli esempi più noti è il seguente:

> La persona è l'immagine di uno stato. Il torace e lo stomaco sono come il palazzo del sovrano; i quattro arti sono come le periferie e le frontiere; e le ossa e le articolazioni sono come i cento funzionari. Lo spirito è come il sovrano; il sangue è come i ministri; e il respiro è come il popolo. Pertanto, se si in grado di governare sé stessi, si può governare lo stato. Sentire affetto per il popolo è il modo per rendere il proprio stato sicuro; conservare il respiro è il modo per mantenere la propria persona integra. Quando il popolo si disperde, lo stato è perduto; quando il respiro si esaurisce, la persona muore. (*Lingbao wufu xu*, cap. 3; anche in *Baopu zi*, cap. 18)

Nel periodo in cui questo brano veniva scritto (ca. 300 d.C.), il taoismo aveva già esteso la metafora stato-corpo ancora oltre, elaborando pratiche basate sulle divinità che governano i diversi organi e le diverse parti del corpo. Questa visione sarà uno dei temi del cap. 10.

Principali luoghi e componenti

Oltre ai cinque modelli principali definiti sopra, la visione taoista del corpo si fonda su diversi componenti e luoghi che non sono fisici nel senso comune del termine, o che svolgono funzioni al di là di quelle dei corrispondenti organi fisici. I tre componenti principali — *jing* o 'essenza', *qi* o 'soffio', e *shen* o 'spirito' — sono stati discussi in precedenza (vedi il cap. 5). Solo alcuni degli altri potranno essere menzionati qui.

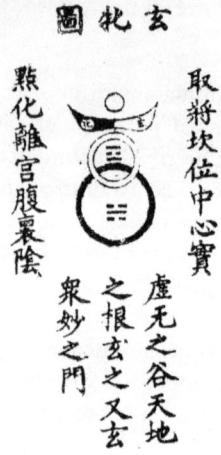

Fig. 7. Il Misterioso-Femmina (*xuanpin*).

Il centro dell'essere umano è rappresentato in modi diversi; e non essendo materiale può avere diversi luoghi e nomi simbolici. Il più importante tra questi è il Cuore (*xin*, termine che come in altre lingue significa anche 'centro'). Tra altre immagini e altri termini ad esso correlati vi sono la Corte Gialla e il Misterioso-Femmina. La Corte Gialla (*huangting*, dove 'giallo' è il colore dell'agente centrale, ovvero il Suolo, e la 'corte' è il cortile centrale nelle case tradizionali cinesi) ha definizioni diverse: quando il quadro di riferimento è i tre Campi di Cinabro, può indicare uno qualsiasi di essi, ma soprattutto quello centrale, corrispondente al cuore; in riferimento ai cinque agenti, denota la milza, che si trova al loro centro e corrisponde al Suolo. Il Misterioso-Femmina (*xuanpin*, un termine derivato dal *Daode jing* e spesso impropriamente tradotto come 'femmina misteriosa'; fig. 7) è il luogo immateriale della congiunzione di Yin (la 'femmina') e Yang (il 'misterioso').

8. LA VISIONE DEL CORPO UMANO

I tre Campi di Cinabro (*dantian*) sono:

1. Il Campo di Cinabro inferiore (il *dantian* propriamente detto), che si trova nella regione del ventre ed è la sede dell'essenza (*jing*). Testi diversi lo collocano a 1,3, 2, 2,4, 3, o 3,6 pollici (*cun*, equivalente a circa 2,5 cm.) sotto o piuttosto dietro l'ombelico, e lo considerano strettamente collegato ad altri luoghi nella stessa regione del corpo, e a volte anche pressoché equivalente ad essi: la Porta del Destino (*mingmen*), l'Origine del Barriera (*guanyuan*), e il Mare del Soffio (*qihai*).

2. Il Campo di Cinabro centrale, che si trova nella regione del cuore (al centro del torace secondo alcuni, tra il cuore e l'ombelico secondo altri) ed è la sede del soffio (*qi*). E' anche chiamato Palazzo Cremisi (*jianggong*), Corte Gialla (*huangting*), o Misterioso-Femmina (*xuanpin*). La sua posizione centrale nel corpo si riflette anche nei nomi Palazzo Centrale (*zhonggong*) e Apertura Unica al Centro della Persona (*shenzhong yiqiao*).

3. Il Campo di Cinabro superiore, che si trova nella regione del cervello ed è la sede dello spirito (*shen*). Solitamente chiamato Pillola di Fango, o *niwan*, è anche detto Palazzo di Qian (*qiangong*) con riferimento a Qian ☰, il trigramma che rappresenta lo Yang Puro. E' composto da nove 'camere' (dette anche 'palazzi'), disposte in un livello superiore (quattro camere) e uno inferiore (cinque camere). *Niwan* denota sia il *dantian* superiore nel suo complesso che la camera più interna (la terza nel livello inferiore).

Nelle pratiche di meditazione, i tre Campi di Cinabro sono le residenze dei Tre-Uno (*Sanyi*), che rappresentano l'Uno e la sua suddivisione nei Due. Nel Neidan (Alchimia Interna), sono i luoghi del concepimento, della gestazione, e della nascita dell'embrione interiore.

Importanti funzioni simboliche, come abbiamo detto, vengono svolte dai cinque visceri (*wuzang*, lett. 'cinque depositi' o 'cinque tesorerie'), ovvero fegato, cuore, milza, polmoni, e reni. I visceri sono legati, in questo ordine, agli agenti Legno, Fuoco, Suolo, Metallo, e Acqua. Questo li rende il principale supporto per la dottrina macrocosmo-microcosmo nel taoismo. Mentre i tre Campi di Cinabro riproducono la dimensione verticale del cosmo, i cinque visceri riproducono quella orizzontale.

Il termine cinese *zang* non corrisponde esattamente al concetto di 'viscere' nella visione occidentale del corpo umano, ma denota piuttosto l'insieme delle funzioni regolate da un particolare viscere. Ogni *zang* "designa anzitutto e soprattutto una sfera di funzioni definite sistematicamente e logicamente", e non solo un particolare organo del corpo.[9] Nathan Sivin aggiunge: "Il punto del discorso su queste 'postazioni' (*guan*) somatiche e su ciò di cui esse sono 'a capo' (*zhu*) non era descrivere i loro occupanti, ma specificare le loro funzioni".[10] Oltre a questo, i visceri sono sedi di aspetti non fisici dell'essere umano. Secondo il commentario di Heshang gong al *Daode jing*, e anche secondo testi di medicina, essi ospitano cinque tipi di 'spiriti'. Commentando la frase, "Lo Spirito della Valle non muore" (*Daode jing*, sez. 6), Heshang gong scrive:

> 'Spirito' significa gli spiriti dei cinque visceri: l'anima celeste (*hun*) nel fegato, l'anima terrestre (*po*) nei polmoni, lo spirito (*shen*), nel cuore, l'essenza (*jing*) nei reni, e la volontà (*zhi*) nella milza. Se i cinque visceri si esauriscono o si danneggiano, i cinque spiriti li abbandonano.

Infine, i visceri sono sedi di divinità che risiedono all'interno del corpo umano (vedi il cap. 10).

Come il brano appena citato, molti testi taoisti si riferiscono anche allo *hun* e al *po*, due termini intraducibili spesso resi come 'anima spirituale e anima materiale', 'anima celeste e anima terrestre', o in modi simili. Lo *hun* rappresenta i componenti

---

9. Porkert, *The Theoretical Foundations of Chinese Medicine*, 107-8.
10. Trad. da Sivin, "State, Cosmos, and Body in the Last Three Centuries B.C.", 12.

8. LA VISIONE DEL CORPO UMANO

Yang, celesti, e più leggeri dell'essere umano; il *po* rappresenta quelli Yin, terrestri, e più materiali. Lo *hun* e il *po* fanno capo rispettivamente al Cielo e alla Terra e vi ritornano dopo la morte. Secondo diversi modi di vedere, lo *hun* e il *po* possono essere singoli o molteplici; in quest'ultimo caso, gli *hun* sono tre e i *po* sono sette, e vengono anche rappresentati in forme antropomorfiche.

Infine, il corpo umano ospita anche due serie di parassiti: i 'tre cadaveri' (*sanshi*), che risiedono nella testa, nel torace e nelle gambe; e i 'nove vermi' (*jiuchong*), che risiedono in diverse parti del corpo. Tutti causano indebolimento, malattia e morte. I 'tre cadaveri', inoltre, riferiscono periodicamente al Cielo le trasgressioni della persona nella quale risiedono, e questo si traduce nella riduzione della durata di vita. Poiché questi parassiti si nutrono di cereali, 'astenersi dai cereali' (*bigu*) è uno dei metodi per espellerli.

9

'NUTRIRE LA VITA'

Gli insegnamenti e le pratiche sulla coltivazione di sé nel taoismo possono essere suddivisi in tre gruppi principali, che saranno i temi di questo e dei prossimi tre capitoli:

1. Lo Yangsheng (Nutrire la Vita), comprendente vari metodi tra cui il *daoyin*, la respirazione, e le pratiche sessuali.
2. La meditazione, comprendente metodi quali la visualizzazione delle divinità interiori, la meditazione sull'Unità (o la divinità corrispondente, ovvero l'Uno o il Grande Uno), i 'viaggi interiori' verso costellazioni o verso angoli remoti del cosmo, e le pratiche di contemplazione e introspezione.
3. L'alchimia, comprendente il Waidan (Alchimia Esterna) e il Neidan (Alchimia Interna).

Il termine *yangsheng* è però più complesso di quanto questa suddivisione schematica possa far pensare. Da un lato, 'dare nutrimento alla vita' può designare il modo di operare del santo taoista e della persona realizzata, indipendentemente dal fatto che tale modo di operare si basi su qualità innate oppure sia il risultato delle loro pratiche. Dall'altro, *yangsheng* è un termine tecnico che designa metodi diversi ma volti in primo luogo a dare beneficio al corpo.[1] Anche in questo secondo senso, d'altronde, il termine è così indefinito che non è possibile compilare una lista precisa di quelli che possono essere designati metodi per 'nutrire la vita'. Tuttavia, i metodi dello Yangsheng hanno certamente compreso il *daoyin*, la respirazione, le pratiche sessuali, e alcuni regimi dietetici. Altre pratiche più recenti e diffuse al giorno d'oggi, come il Qigong e il Taiji quan (entrambi spesso definiti

---

1. Vedi Engelhardt, "Longevity Techniques and Chinese Medicine".

'taoisti'), possono anch'esse rientrare nel campo dello Yangsheng.

Prima di descrivere le pratiche Yangsheng e il loro rapporto con il taoismo, osserveremo brevemente il ruolo svolto dai principi etici nella coltivazione di sé.

Etica e coltivazione di sé

La coltivazione dei principi etici è vista nel confucianesimo come il compito più importante nella vita di ogni individuo. Benevolenza (o 'umanità', *ren*), giustizia (*yi*), ritualità (*li*), saggezza (*zhi*), e sincerità (o 'affidabilità', *xin*) sono i cinque fondamenti della vita sociale nella visione confuciana e sono dunque i requisiti fondamentali della vita personale.[2] Questi fondamenti sono illustrati da modelli esemplari che comprendono non solo numerosi personaggi storici, ma anche e soprattutto i sovrani mitici che posero i fondamenti della vita civile.

Il taoismo non rifiuta questi principi, ma li considera secondari rispetto al principio primario, ovvero la coltivazione del Dao sia da parte dell'individuo che, almeno idealmente, da parte dell'intera società. Questo punto di vista è espresso nel modo più esplicito in un brano del *Daode jing*, dove si afferma che la 'virtù superiore' (*shangde*) è il non-fare (*wuwei*). Come abbiamo visto (cap. 1), benevolenza, giustizia, e altri principi etici sono forme di 'virtù inferiore' (*xiade*) ed emergono soltanto "quando il Dao viene abbandonato" ed è "perduto" (sez. 18 e 38).

Nella prospettiva taoista, tuttavia, l'etica non è un ramo del pensiero filosofico, ma appartiene in primo luogo al campo del Nutrire la Vita. Il discorso taoista sull'etica coinvolge dunque anche principi di comportamento più elementari, spesso espressi sotto forma di 'precetti' (*jie*). Il taoismo ritiene che questi princi-

---

2. *Li* significa più in generale 'rito', ma designa anche la ritualità richiesta nel comportamento tra persone diverse, a sua volta strettamente legata alle gerarchie sociali; ad esempio, quelle tra sovrano e suddito, padre e figlio, e marito e moglie.

pi elementari siano alla base della coltivazione di sé e possano servire da fondamento per 'tornare al Dao'. Come ha osservato Livia Kohn, "non è possibile collegarsi agli obiettivi finali previsti dalla tradizione — in qualsiasi modo essa sia definita — senza raggiungere un certo livello di purezza. Questa purezza comporta una dimensione etica e, almeno all'inizio, viene spesso espressa sotto forma di regole morali e di precetti".[3]

Una delle principali opere taoiste su questo tema è il *Laojun shuo yibai bashi jie*, o *180 Precetti Pronunciati dal Signore Lao*, che esiste in diverse versioni tra le quali una con una prefazione del VI secolo.[4] Kristofer Schipper ha assegnato la maggior parte dei precetti elencati in quest'opera alle seguenti categorie principali: alimentazione; comportamento sessuale; rispetto per le donne, per gli anziani e i giovani, per la famiglia e le persone meritevoli, per i servi e gli schiavi, e per gli animali; precetti riguardanti i beni propri (ad esempio contro l'avarizia) e i beni altrui (ad esempio contro il furto e la truffa); e precetti contro l'uccisione di esseri viventi.[5]

Anche se i *180 Precetti* erano formalmente rivolti ai libatori (*jijiu*) del Tianshi dao, molti di essi, se non tutti, erano validi anche per gli adepti laici, e continuarono ad esserlo in tempi successivi. Diverse opere del periodo Tang sullo Yangsheng e la meditazione contengono sezioni dedicate a simili fondamentali principi etici.[6]

Pratiche principali

Tra i vari metodi che possono essere considerati parte dello Yangsheng, qui sarà possibile presentare brevemente solo tre dei più importanti.

---

3. Trad. da Kohn, *Sitting in Oblivion*, 2.
4. Il testo è tradotto in Hendrischke e Penny, "The 180 Precepts Spoken by Lord Lao".
5. Schipper, "Daoist Ecology: The Inner Transformation", 84-85.
6. Vedi i testi tradotti in Kohn, *Sitting in Oblivion*.

Il *daoyin* (lett. 'guidare [il *qi*] e distendere [le membra]) è stato definito, in termini occidentali, come una sorta di ginnastica, nel senso che i suoi movimenti garantiscono agilità e coordinamento del corpo.[7] Dal punto di vista di un altro sistema di riferimento, i suoi aspetti formali e la sua posizione nel complesso del taoismo lo rendono simile a quello che lo *hatha yoga* è all'interno dell'induismo. Le posizioni e i movimenti del *daoyin* hanno il fine di eliminare gli ostacoli nel movimento del *qi* all'interno del corpo umano. La pratica è esistita almeno dal III secolo a.C.[8] D'altra parte, va notato che il Canone Taoista contiene una sola opera sul *daoyin*.[9]

Per quanto riguarda la respirazione — dove il 'respiro' è inteso come la forma principale che il *qi* assume nell'essere umano — nel taoismo sono esistite diverse pratiche. I termini più comuni che le designano sono *xingqi* ('circolazione del respiro') e *tuna* ('esalare [il vecchio] e inalare [il nuovo respiro]', ovvero *tugu naxin*). Più in particolare, le pratiche comprendono quelle per 'trattenere il respiro' (*biqi*), 'raffinare il respiro' (*lianqi*), 'armonizzare il respiro' (*tiaoqi*), e 'diffondere il respiro' (*buqi*, usato anche per definire pratiche di guarigione in cui un praticante 'diffonde' il proprio soffio sulla persona malata). Un altro celebre termine che definisce la respirazione è *zhongxi*, ovvero 'respirare attraverso i talloni'. Nel *Zhuangzi*, questo termine non designa solo una pratica di respirazione, ma indica la respirazione spontanea della persona realizzata, che non si ferma ai polmoni ma circola attraverso l'intero corpo: "La persona realizzata respira attraverso i talloni; la persona comune respira attraverso la gola" (*Zhuangzi*, cap. 6; vedi Watson, *The Complete Works of Chuang-tzu*, 78).

---

7. Vedi Despeux, "Gymnastics: The Ancient Tradition", e Kohn, *Chinese Healing Exercises*.
8. Vedi la traduzione di un manoscritto ritrovato a Mawangdui in Harper, *Early Chinese Medical Literature*, 310-27.
9. Vedi Kohn, *A Sourcebook in Chinese Longevity*, 255-59, dove il testo è curiosamente tradotto nel capitolo dedicato all'Alchimia Interna.

9. 'NUTRIRE LA VITA'

Due altre importanti pratiche di respirazione sono strettamente legate alla meditazione. La prima è la cosiddetta 'respirazione embrionale' (*taixi*), che ha il fine di replicare la respirazione dell'embrione nel grembo (vedi la prossima sezione di questo capitolo). La seconda consiste nell'ingerimento dei soffi delle quattro direzioni.[10]

Le pratiche sessuali sono comunemente definite in cinese *fangzhong shu* o 'arti della camera da letto'.[11] L'ampia letteratura che esiste su questo tema mostra chiaramente che queste arti sono, con poche eccezioni, rivolte soprattutto agli uomini (un altro comune termine che le definisce è *yunü*, 'cavalcare le donne'). Il loro fine principale è quello di evitare l'eiaculazione: invece di essere emesso, il seme deve 'ritornare al cervello' (che nella medicina cinese è considerato l'origine del midollo, a sua volta fonte del seme maschile). Questo metodo è noto come *huanjing bunao*, ovvero 'far ritornare l'essenza per riempire il cervello'.

La 'respirazione embrionale'

Tra le pratiche Yangsheng, merita particolare attenzione la 'respirazione embrionale' (*taixi*), che consiste in una forma estremamente tenue di respirazione che emula quella dell'embrione nel grembo materno. Questa pratica è esistita sin dai primi secoli della nostra era, ma la prima opera esistente ad essa dedicata è il *Taixi jing*, o *Libro della Respirazione Embrionale*, un brevissimo testo risalente alla metà dell'VIII secolo, che non a caso corrisponde al periodo di formazione del Neidan o Alchimia Interna.[12]

---

10. Sulla seconda pratica vedi Maspero, *Le Taoïsme et les religions chinoises*, 542-52; Raz, "Imbibing the Universe".

11. Maspero, *op. cit.*, 553-77; Van Gulik, *Sexual Life in Ancient China*.

12. La descrizione più dettagliata della respirazione embrionale in una lingua occidentale è ancora quella in Maspero, *op. cit.*, 372-79 e 497-541 *passim*, pubblicata per la prima volta nel 1937.

Secondo il *Taixi jing*, la respirazione embrionale serve a mantenere lo spirito (*shen*) in uno stato di quiescenza, il che a sua volta evita che il soffio (*qi*) si disperda. Tuttavia, come si legge nel commentario — probabilmente scritto dallo stesso autore del testo — la respirazione dell'embrione umano non è semplicemente un'immagine o un modello per la pratica, e non si tratta di 'ritornare al grembo materno': è il praticante stesso che deve generare il proprio embrione. Le persone comuni, ci viene detto, generano l'embrione umano attraverso la stimolazione e lo scambio dei loro soffi Yin e Yang. Coloro che coltivano il Dao, invece, devono concepire l'embrione interiore attraverso la coagulazione del loro 'soffio custodito' (*fuqi*): essi "custodiscono costantemente il soffio sotto l'ombelico (*ovvero nel Campo di Cinabro inferiore*) e conservano lo spirito all'interno di sé. Spirito e soffio si uniscono l'uno all'altro e generano l'Embrione Misterioso (*xuantai*)".

A proposito dell'Embrione Misterioso, il commentario del *Taixi jing* afferma: "Questo è l'Elisir Interno, ed è la Via per l'immortalità". Lo stretto rapporto tra respirazione embrionale e Alchimia Interna è dunque evidente. Difatti, oltre a essere una pratica autonoma, la respirazione embrionale divenne qualche secolo più tardi una componente importante della pratica Neidan, ma con una differenza importante rispetto alle spiegazioni date nel *Taixi jing*. Nel Neidan, l'embrione interiore (che qui corrisponde all'elisir) non viene generato per mezzo della respirazione embrionale: il suo concepimento avviene attraverso la coagulazione dell'essenza (*jing*) nella prima fase della pratica (vedi il cap. 12). Un metodo simile alla respirazione embrionale è invece al centro della seconda fase della pratica, chiamata — in coerenza con la descrizione nel *Taixi jing* — 'raffinare il soffio per trasformarlo in spirito'. In questo contesto, la pratica alchemica si basa sulla circolazione interna del proprio 'soffio nascosto' (*qianqi*), un termine di significato analogo a *fuqi* o 'soffio custodito'.

9. 'NUTRIRE LA VITA'

Critiche taoiste

La respirazione embrionale è un esempio di come alcuni metodi Yangsheng possono essere rielaborati e incorporati in altre pratiche basate su prospettive dottrinali più ampie, in particolare quelle del Neidan. Difatti, la posizione e la funzione dei metodi Yangsheng all'interno del taoismo sono state ambigue sin dai tempi antichi. Mentre alcuni studiosi hanno sostenuto che lo Yangsheng è essenzialmente taoista (o "un fondamento essenziale" della pratica taoista, come lo definisce Ute Engelhardt),[13] gli autori di opere appartenenti a diverse correnti, a partire dal *Zhuangzi*, fanno notare che le pratiche Yangsheng non offrono di per sé una via alla trascendenza, e non vanno dunque compiute come unico mezzo per 'tornare al Dao'. Il *Zhuangzi*, in particolare, si riferisce al *daoyin* e ai metodi di respirazione dicendo:

> Inspirare ed espirare [mentre si emettono] i suoni *chui* e *xu*, esalare il vecchio e inalare il nuovo [respiro], appendersi come un orso e distendersi come un uccello: questi sono solo metodi per la longevità. E' a questo che si dedicano i maestri che praticano il *daoyin*, coloro che danno nutrimento alla forma [corporea] (*yangxing*), e coloro che perseguono una longevità come quella di Pengzu.[14]
>
> Ora, [...] raggiungere la longevità senza praticare il *daoyin*: [...] questa è la via del Cielo e della Terra, ed è la virtù del saggio. (*Zhuangzi*, cap. 15; Watson, *The Complete Works of Chuang-tzu*, 167-68)

Più tardi, la critica continua e diviene di fatto ben più drastica in diversi trattati dottrinali sul Neidan. L'oggetto della critica, ovviamente, non è il concetto stesso di 'dare nutrimento alla vita' — che è anzi il titolo di un capitolo dello stesso *Zhuangzi* — ma

---

13. Engelhardt, "Longevity Techniques and Chinese Medicine", 75.
14. Secondo la tradizione, Pengzu visse 900 anni.

sono le pratiche che vengono comunemente fatte rientrare nella categoria dello Yangsheng, tra cui quelle descritte sopra.

Un chiaro esempio del complesso rapporto tra lo Yangsheng e il taoismo, e dei contrasti esistenti sul loro rapporto, riguarda le pratiche sessuali. Da un lato, mentre nella cultura popolare cinese e nella reinvenzione occidentale del taoismo le 'arti della camera da letto' sono spesso ritenute taoiste, le pratiche sessuali eseguite nel corso della storia del taoismo sono di natura diversa. Di esse hanno fanno parte il rituale dell'Unione dei Soffi (*heqi*), praticato all'interno del Tianshi dao antico al fine di generare il 'popolo-seme' (*zhongmin*), che sarebbe sopravvissuto alla imminente fine del mondo (vedi il cap. 7). Dall'altro, la congiunzione sessuale fa anche parte di certe tradizioni Neidan, dove ha il fine di permettere al praticante di raccogliere il Vero Yang dallo Yin (rappresentato in questo caso dalle essenze sessuali femminili). All'interno dello stesso Neidan, tuttavia, queste pratiche, definite semplicemente *yinyang*, vengono spesso aspramente criticate e sono distinte dal *qingxiu*, termine che letteralmente significa 'coltivazione pura'.

Forse il modo migliore per comprendere il rapporto tra i metodi Yangsheng e il taoismo, senza trascurare le ambiguità che li legano, è notare che né praticare i metodi Yangsheng rende una persona taoista, né essere un taoista richiede necessariamente di praticare i metodi Yangsheng.

10

MEDITAZIONE E CONTEMPLAZIONE

Le pratiche di meditazione svolgono un ruolo importante in varie tradizioni taoiste. Queste pratiche possono essere suddivise in quattro tipi: (1) Visualizzazione delle divinità interiori; (2) Meditazione sull'Unità, o visualizzazione della divinità corrispondente, l'Uno o il Grande Uno; (3) 'Escursioni' verso costellazioni e corpi astrali, o verso i poli più remoti del cosmo; (4) Contemplazione e introspezione. Uno degli aspetti comuni a queste diverse pratiche è il fatto che, a differenza del rituale in cui si comunica con le divinità attraverso l'intermediazione di un sacerdote e per mezzo di documenti scritti, nella meditazione l'approccio con il sacro o con il divino è personale e diretto. Come vedremo, però, anche in questo caso la metafora burocratica e amministrativa svolge un ruolo importante.

Le pratiche di visualizzazione, documentate sin dal II secolo d.C., iniziarono a essere sostituite da metodi di contemplazione a partire dal VII secolo d.C. Le divinità interiori, tuttavia, hanno continuato sino a oggi a svolgere una funzione fondamentale nel rituale taoista: nell'atto più importante della cerimonia, il sacerdote invia le proprie divinità interiori al Cielo per presentare un documento scritto agli dèi. La meditazione, inoltre, è legata ad alcune pratiche relative al Nutrimento della Vita, in particolare quelle basate sulla respirazione, e svolge un ruolo importante anche nell'Alchimia Interna.

Le divinità interiori

Secondo alcune tradizioni taoiste, l'essere umano ospita un vero e proprio pantheon di dèi. I più importanti di essi rappresentano i diversi gradi della suddivisione dell'Unità nella molteplicità, e sono legati ai principali aspetti dell'ambito cosmico: in particolare, il polo celeste centrale (residenza dell'Uno, Yi, o Grande Uno, Taiyi, ed equivalente al cuore nell'essere umano); l'asse verticale (suddiviso in tre segmenti, corrispondenti ai tre Campi di Cinabro); e l'asse orizzontale (formato dalle quattro direzioni disposte intorno a un punto centrale, corrispondenti ai cinque visceri). Le divinità interiori, inoltre, svolgono ruoli diversi ma legati l'uno all'altro: permettono all'essere umano di comunicare con le corrispondenti divinità del pantheon celeste, servono da amministratori del corpo umano, e mantengono l'equilibrio delle principali funzioni del corpo.

Le due principali fonti antiche sulle pratiche di visualizzazione sono lo *Huangting jing* (Libro della Corte Gialla), opera in poesia che esiste in due versioni, una chiamata Esterna (*Wai*), probabilmente risalente al II secolo, e una chiamata Interna (*Nei*), risalente al tardo IV secolo;[1] e il *Laozi zhongjing* (Libro Centrale di Laozi), scritto in prosa intorno al 200 d.C.[2] I metodi alla base di queste due opere vennero ri-codificati nella seconda metà del IV secolo con le rivelazioni della scuola Shangqing (cap. 4). Come abbiamo già detto, il principale testo di questa scuola, ovvero il *Dadong zhenjing* (Vero Libro della Grande Caverna), si compone pressoché interamente di metodi per la visualizzazione delle divinità interiori.[3]

Lo *Huangting jing* menziona, tra le altre, un'importante serie di divinità che dimorano all'interno del cinque visceri. E' significativo che questi organi siano chiamati 'dipartimenti' (*bu*, lo stesso termine che denota i ministeri del governo) e che ciascuna

---

1. Sullo *Huangting jing* vedi Robinet, *La meditazione taoista*, 67-116; Despeux, *Taoïsme et connaissance de soi*, 128-49.

2. Sul *Laozi zhongjing* vedi Schipper, *Il corpo taoista*, 124-39; Schipper, "The Inner World of the *Laozi zhongjing*"; Lagerwey, "Deux écrits taoïstes anciens"; Puett, *To Become a God*, 238-44.

3. Vedi Robinet, *La meditazione taoista*, 117-40. Sulle divinità menzionate in un altro testo rivelato della tradizione Shangqing, il *Lingshu ziwen* (Scritto Sacro in Caratteri Porpora), vedi Bokenkamp, *Early Daoist Scriptures*, 284-85 e 326-27.

10. MEDITAZIONE E CONTEMPLAZIONE

divinità risieda nel proprio palazzo. In altre parole, queste descrizioni combinano quelli che abbiamo chiamato il modello teologico e il modello politico o amministrativo del corpo (vedi il cap. 8). Ad esempio, il dio del cuore è descritto come segue:

> Il palazzo del dipartimento del cuore è un bocciolo di loto.
> Al di sotto vi è la casa di un ragazzo, di nome Origine del Cinabro (Danyuan):
> presiede sul freddo e sul caldo, e armonizza i soffi costruttivi e difensivi.[4]
> Vestito di un abito di broccato color cinabro agitato dal vento, avvolto in un velo di giada
> con pendenti d'oro e una cintura vermiglia, siede tranquillo.
> Regola il sangue, ordina il destino (*ming*), e fa sì che il corpo non deperisca.
> All'esterno corrisponde alla bocca e alla lingua, ed esala i Cinque Fiori.[5]
> Se lo chiami in punto di morte, tornerai subito a vivere, e se pratichi questo a lungo, volerai tra le grandi nuvole rosa.
> (*Huangting jing*, versione 'Interna', sez. 10)

Dettagli quali nomi, aspetti, dimensioni, e abbigliamento degli dèi vengono specificati per servire da supporto alla visualizzazione. In accordo con la classica visione cinese sulla fatale separazione dello spirito (*shen*) dal corpo, i testi avvertono che se le divinità interiori (*shen*) abbandonano le loro residenze, la persona muore. 'Mantenere i propri pensieri' su di esse (*cun*, ovvero visualizzarle) e inviare adeguato nutrimento alle loro

---

4. Il 'soffio costruttivo' (*yingqi*) circola all'interno del sistema dei condotti (i cosiddetti 'meridiani') e nutre l'intero corpo. Il 'soffio difensivo' (*weiqi*) circola tra la carne e la pelle, e protegge da malattie e altri disturbi.

5. I Cinque Fiori sono le essenze dei cinque visceri.

residenze — in particolare, il proprio soffio (*qi*) e le proprie essenze (*jing*) — permette di mantenerle nelle loro dimore corporee, dove possono svolgere le loro funzioni.

Queste divinità non possiedono esistenza fisica nel senso comune del termine, e appartengono invece a un ambito intermedio tra la forma e l'assenza di forma. Come ha osservato Isabelle Robinet, esse sono 'immagini' (*xiang*) che svolgono un ruolo di intermediazione "tra il mondo delle realtà sensibili e quello dell'Inconoscibile".[6] La persona in cui le divinità risiedono non è posseduta da esse né viene divinizzata dalla loro presenza.[7] L'adepto, piuttosto, diviene il centro di una rappresentazione divina, di cui egli è l'unico creatore e l'unico spettatore. Gli organi e i luoghi in cui gli dèi risiedono cessano di essere semplici parti del corpo, e divengono i supporti che rendono possibile questa rappresentazione.

Le divinità interiori sono letteralmente innumerevoli e testi diversi descrivono diversi pantheon.[8] Qui possiamo menzionare solo due tra le più importanti, entrambe facenti parte del pantheon del *Laozi zhongjing*. La prima è il Supremo Grande Uno (Shangshang Taiyi). La descrizione di questa divinità — che nel senso stretto del termine non è interiore perché risiede poco al di sopra del corpo, ma fa comunque parte del pantheon personale — è simile nello stile e nel contenuto a quelle di altre divinità menzionate nello stesso testo:

> Il Supremo Grande Uno è il Padre del Dao ed esiste prima del Cielo e della Terra. Risiede al di sopra dei Nove Cieli, all'interno della Grande Chiarezza (Taiqing), al di fuori delle Otto Oscurità, e all'interno della Tenuità Sottile. Io non conosco i suoi nomi: è il Soffio Originale.

---

6. Robinet, *La meditazione taoista*, 61.

7. Per una diversa interpretazione, vedi Puett, *To Become a God*, 226-27.

8. Sui tre pantheon principali vedi Pregadio, "Early Daoist Meditation and the Origins of Inner Alchemy", 131-41.

10. MEDITAZIONE E CONTEMPLAZIONE

Questo dio ha la testa di un uomo e il corpo di un uccello, e la sua forma è simile a un gallo o una fenice. E' vestito di abiti con perle di cinque colori, nere, e gialle.

Risiede [anche] poco sopra la tua testa, a nove piedi di distanza da te. E' costantemente all'interno di nuvole porpora, e dimora sotto un baldacchino fiorito. Quando lo vedi, devi dire:

Supremo Grande Uno, Signore del Dao!
Il tuo piccolo e umile discendente, (*aggiungi il tuo nome*),
si dedica al Dao con pura intenzione!
Desidera avere una lunga vita!
(*Laozi zhongjing*, sez. 11)

La seconda divinità è il Bambino Rosso (Chizi). Il *Laozi zhongjing* è pronunciato da Laozi, e il Bambino Rosso non è altri che Laozi stesso, questa volta raffigurato nel ruolo del 'vero sé' (*zhenwu*) di ogni essere umano. Parlando di sé sia in prima che in terza persona — il che rende la traduzione di questo brano complessa — dice:

Io sono il figlio (*oppure*: "il bambino") del Dao: questo è ciò che sono. Anche gli esseri umani lo hanno (*vale a dire, il 'bambino'*): non sono solo io [a essere il figlio del Dao]. Egli (*il "bambino"*) risiede precisamente nei condotti dello stomaco, il Grande Granaio. Siede rivolto a sud (*come l'imperatore*) su un divano di perle e di giada, ed è coperto da un baldacchino fiorito di nuvole gialle. Indossa abiti con perle di cinque colori. Sua madre si trova alla destra sopra di lui, e lo abbraccia e lo nutre; suo padre si trova alla sinistra sopra di lui, e lo istruisce e lo difende. (*Laozi zhongjing*, sez. 12)

Dalla madre, il Bambino Rosso riceve il cibo che gli permette di vivere: "Si nutre di oro giallo e di piccoli dolci di giada, ingerisce il Divino Elisir e la pianta *zhi* [dell'immortalità], e beve dalla

Fonte del Nettare". Come le altre divinità interiori, tuttavia, il Bambino deve anche essere nutrito dalla persona in cui vive. In particolare, il *Laozi zhongjing* menziona una 'essenza gialla' (*huangjing*) e un 'soffio rosso' (*chiqi*), rispettivamente associati alla Luna (Yin) e al Sole (Yang), che devono essergli inviati dal praticante in meditazione.

Il Bambino svolge lo stesso ruolo centrale nei testi Shangqing. Il *Dadong zhenjing* si conclude descrivendo come un adepto genera una 'persona divina' interiore (*shenshen*, fig. 8) mediante la coagulazione e l'ingerimento di 'soffi' (*qi*) che discendono dal suo Campo di Cinabro superiore:

Fig. 8. Visualizzazione del Bambino. *Dadong zhenjing* (Vero Libro della Grande Caverna), cap. 6.

10. MEDITAZIONE E CONTEMPLAZIONE

> Visualizza una nuvola porpora e dai cinque colori che entra in te attraverso la tua Pillola di Fango (*il Campo di Cinabro superiore*). Poi ingerisci dodici volte questa nuvola divina con la tua saliva. Si coagulerà in una persona divina, circondata da un'aureola luminosa dai cinque colori, e viola, bianca, rosa. Il dio è all'interno della sua luce. Si diffonde verso il basso nel tuo intero corpo, distribuendo il suo soffio sino ai tuoi nove orifizi e coagulandolo sulla punta della tua lingua. (*Dadong zhenjing*, cap. 6)

Rivelando l'identità del Bambino più esplicitamente di quanto non faccia il *Laozi zhongjing*, il *Dadong zhenjing* lo chiama Venerabile Signore Imperatore Uno (Diyi zunjun), equiparandolo dunque al Grande Uno, o al principio di Unità. In altre parole, la divinità più eccelsa (il Supremo Grande Uno) e la divinità più intima (il Bambino Rosso) sono in realtà equivalenti.

In quanto immagine del 'vero sé', il Bambino Rosso è il principale precursore dell'embrione alchemico che, diversi secoli più tardi, gli adepti del Neidan avrebbero generato e nutrito attraverso le proprie pratiche (vedi il cap. 12). Le analogie con il processo alchemico sono evidenti anche in relazione a un'altra importante fonte di nutrimento per gli dèi interiori e le loro residenze, vale a dire i succhi salivari del praticante. Come abbiamo appena visto, la loro funzione principale è quella di favorire l'ingerimento di essenze e soffi, ma sono anche utilizzati per 'irrigare' (*guan*) gli organi interni e nutrire gli dèi. Per indicare tali succhi, lo *Huangting jing* e il *Laozi zhongjing* usano termini provenienti dall'alchimia o dotati di connotazioni alchemiche, tra cui Perla Misteriosa (*xuanzhu*), Nettare d'Oro (*jinli*), e anche Liquore d'Oro (*jinye*). Questi e altri termini indicano che nel fornire nutrimento al praticante e alle sue divinità, i succhi salivari svolgono una funzione analoga a quella che gli elisir, o i loro ingredienti, svolgono nell'alchimia.

L'Uno e i Tre-Uno

Le pratiche di meditazione basate sul principio dell'Unità sono definite 'custodire l'Unità' o 'custodire l'Uno' (*shouyi*). Questa espressione è di significato analogo al termine 'abbracciare l'Unità' (*baoyi*) menzionato nel *Daode jing* (sez. 10 e 22). Inoltre, nel suo discorso all'Imperatore Giallo (parzialmente tradotto sopra, cap. 2), Guangcheng zi conclude dicendo: "Io custodisco questa Unità e quindi dimoro in questa armonia" (*Zhuangzi*, cap. 11; Watson, *The Complete Works of Chuang-tzu*, 120).

Mentre nei casi summenzionati l'espressione 'custodire l'Unità' sembra riferirsi alla costante consapevolezza dell'Unità in quanto principio che contiene la molteplicità e ne è all'origine, lo stesso termine designa anche la visualizzazione dell'Uno come divinità interiore. La descrizione classica di questa pratica si trova nel *Baopu zi* (Il Maestro che Abbraccia la Natura Spontanea, ca. 320 d.C.), dove Ge Hong reputa il 'custodire l'Uno' la più importante via verso la trascendenza insieme all'ingerimento degli elisir. La pratica consiste nel visualizzare l'Uno negli aspetti che, in quanto divinità, assume all'interno dell'essere umano, dove esso risiede in ognuno dei tre Campi di Cinabro:

> L'Uno ha cognomi e nomi, abiti e colori. Negli uomini è alto 0,9 pollici, nelle donne 0,6 pollici.[9] A volte è nel Campo di Cinabro inferiore, posto a 2,4 pollici sotto l'ombelico (*oppure*: "dietro l'ombelico"). A volte è nel Campo di Cinabro centrale, il Portale d'Oro del Palazzo Cremisi (*jianggong jinque*), posto sotto il cuore. A volte è nello spazio tra le sopracciglia: a un pollice dietro di esso vi è la Sala della Luce (*mingtang*), a due pollici vi è la Camera-Caverna (*dongfang*), e a tre pollici vi è il Campo di Cinabro superiore [propriamente detto]. Questo è considerato estremamente importante all'interno dei lignaggi del Dao (*daojia*). Di generazione in generazione,

---

[9]. Il numero 9 è Yang (maschile), il numero 6 è Yin (femminile).

essi trasmettono oralmente i cognomi e i nomi [delle divinità interne] dopo essersi imbrattati la bocca di sangue.[10] (*Baopu zi*, cap. 18)

Non molto tempo più tardi, la pratica descritta da Ge Hong diede origine a quella del 'custodire i Tre-Uno' (*shou sanyi*), che esiste in diverse varietà.[11] Ad esempio, i Tre-Uno sono rappresentati come tre bambini che vivono nei tre Campi di Cinabro. Un'altra pratica combina aspetti 'esterni' e 'interni'. Dopo aver visualizzato l'Orsa Maggiore che discende al di sopra della sua testa, il praticante vede i Tre-Uno emergere tra le sue stelle. Respirando tre volte, ogni volta uno di essi raggiunge la propria residenza in uno dei tre Campi di Cinabro.

'Passeggiare sulla Rete Celeste'

Il taoismo Shangqing elaborò anche pratiche di meditazione che conducono gli adepti alle estremità del cosmo, oppure al Sole, alla Luna, e ad altri corpi astrali.[12] Le passeggiate sulle stelle compiute in meditazione erano note come Passeggiare sulla Rete Celeste (*bugang*). Per alcune delle loro caratteristiche, queste pratiche sono legate ai 'viaggi in luoghi remoti' descritti in opere letterarie pre-Han e Han (vedi il cap. 3). L'Orsa Maggiore, in particolare, è insieme alla Stella Polare (un altro centro del cosmo) la residenza celeste del Grande Uno; si compone di nove stelle, due delle quali, si dice, sono visibili solo dagli

---

10. Imbrattarsi la bocca di sangue faceva parte della cerimonia di alleanza tra sovrani e feudatari nella Cina antica. Lo stesso rito veniva compiuto tra maestro e discepolo durante la trasmissione di testi o di insegnamenti. In questo caso, però, il sangue era spesso sostituito dal cinabro, anch'esso di colore rosso. Nella Cina antica, il colore rosso è un emblema di autenticità, sincerità, e lealtà.

11. Andersen, *The Method of Holding the Three Ones*; Robinet, *La meditazione taoista*, 141-62.

12. Vedi Robinet, *La meditazione taoista*, 197-213 e 214-50.

adepti più avanzati. Una delle nove stelle, chiamata Barriera Celeste (*tianguan*), permette all'adepto di uscire dal cosmo e accedere ai domini posti al di sopra e al di là di esso. Questi metodi comprendevano elementi cosmologici e numerologici, ma incorporavano anche l'antica pratica rituale dei Passi di Yu (*yubu*), che imitava il modo di camminare zoppicante del mitico Imperatore Yu.[13]

Contemplazione e introspezione

A partire dal VII secolo (ovvero, indicativamente, dall'inizio del periodo Tang), le pratiche di visualizzazione furono in gran parte sostituite da metodi di contemplazione e introspezione.[14] Mentre la loro prossimità al buddhismo è evidente, le radici di questi metodi si trovano anche in insegnamenti e pratiche di data più antica, come quelli descritti nel *Neiye* (La Pratica Interiore), probabilmente risalente al tardo IV secolo a.C.,[15] e nel già citato discorso di Guangcheng zi all'Imperatore Giallo (cap. 2).

Il *Neiye* è un capitolo del *Guanzi*, opera contenente materiali di varia natura composti tra il V e il I secolo a.C. Più esattamente, è uno dei due capitoli di quest'opera interamente dedicati alla coltivazione di sé, insieme al capitolo in due parti intitolato *Xinshu* (Arti della Mente, o Arti del Cuore).[16] Il *Neiye* insegna che le attività mondane disturbano la mente e causano la dispersione dell'essenza (*jing*), provocando la diminuzione del soffio vitale (*qi*). Il metodo per 'rettificare' (*zheng*) sé stessi è praticare la meditazione e la respirazione, che permettono alla mente di tornare allo stato originale di quiescenza (*jing*):

---

13. Andersen, "The Practice of Bugang".
14. Su questi metodi vedi Kohn, *Sitting in Oblivion*.
15. Kirkland, *Taoism: The Enduring Tradition*, 39-52; Roth, *Original Tao*; Graziani, *Écrits de Maître Guan*.
16. Il *Neiye* è tradotto in Roth, *Original Tao*. Entrambi i capitoli sono tradotti in Graziani, *Écrits de Maître Guan*.

10. MEDITAZIONE E CONTEMPLAZIONE

> Solo se sei in grado di rettificare te stesso e di essere quiescente puoi essere stabile. Quando una mente stabile risiede all'interno, quando orecchie e occhi sono acuti e luminosi, quando i quattro arti sono forti e saldi, possono essere un alloggio per l'essenza. (*Neiye*; trad. basata su Roth, *Original Tao*, 60)

Questo a sua volta permette di raggiungere lo stato di 'santità' (*shengren*):

> Quando non vi sono pensieri illusori all'interno, non vi sono incidenti o calamità all'esterno. Se la mente è intatta all'interno, il corpo è intatto all'esterno. Non andrai incontro a calamità inviate dal Cielo, e non affronterai disgrazie provocate da altre persone. Questo è ciò che chiamiamo un santo. (*Neiye*; trad. basata su Roth, *Original Tao*, 74)

Nel periodo Tang, una delle principali opere sui metodi di contemplazione è il *Neiguan jing* (Libro della Contemplazione Interiore), un altro testo pronunciato da Laozi nel suo aspetto divino.[17] Quest'opera evidenzia che lo stato originale di chiarezza e purezza viene perduto quando la mente è sopraffatta da passioni e da attaccamenti provocati da desideri sensuali. Se invece la mente viene stabilizzata, non sorgono pensieri confusi. Allora non solo si raggiunge lo stato di quiescenza, ma anche lo stato in cui la differenza tra movimento e quiescenza viene trascesa:

> Il Signore Lao disse: La via della contemplazione interiore consiste nel rendere lo Spirito quiescente e la mente stabile. I pensieri confusi non sorgono, e le illusioni nocive non irrompono. Avvicina le cose mantenendoti intatto, chiudi gli occhi, rifletti e investiga: l'esterno e l'interno sono vuoti e silenziosi, lo Spirito e il Dao sono sottili e profondi. All'esterno, contempla i diecimila

---

17. Vedi la traduzione in Kohn, *Sitting in Oblivion*, 179-87.

oggetti; all'interno, esamina la Mente Unica. Quando giungerai a questo, sarai luminoso e quiescente; quiescenza e confusione saranno entrambe a riposo. Un pensiero seguirà un altro pensiero, ma la radice profonda sarà interamente in pace. Profondo e costantemente saldo, sarai "misterioso e oscuro"[18] e difficile da comprendere. Sofferenze e apprensioni saranno per sempre estinte, il giusto e lo sbagliato non saranno più percepiti. (*Neiguan jing*)

Il *Qingjing jing* (Libro della Chiarezza e della Quiescenza) è un'altra importante opera, anch'essa risalente al periodo Tang e anch'essa pronunciata da Laozi.[19] Questo testo afferma che la chiarezza e la quiescenza innate della mente e dello spirito vengono contaminate dalle passioni e dai desideri. Solo comprendendo che la mente, le forme, e i singoli oggetti sono privi di natura propria è possibile risvegliarsi al loro vuoto fondamentale. Ciò è possibile attraverso la contemplazione, e conduce al recupero della 'chiarezza e quiescenza' indicate nel titolo del testo:

> Lo spirito umano tende alla chiarezza, ma è molestato dalla mente. La mente umana tende alla quiescenza, ma è trascinata dalle passioni. Se sei costantemente in grado di rimuovere le passioni, la tua mente sarà di per sé quiescente. Se sei in grado di acquietare la mente, il tuo spirito sarà di per sé chiaro. Spontaneamente, le sei passioni non sorgeranno e i tre veleni saranno annientati.[20] Quindi chi non è in grado di far questo non acquieterà la mente e non rimuoverà le passioni. Chi è in grado di rimuovere le passioni contempla all'interno la propria mente, e la

---

18. Questa espressione deriva dal *Daode jing*, sez. 21, dove si riferisce allo stesso Dao.
19. Vedi Kohn, *The Taoist Experience*, 24-29.
20. Nel buddhismo, i sei desideri (*liuyu*) sono legati agli organi di senso: gli occhi, le orecchie, il naso, la lingua, il corpo, e la mente. I tre veleni (*sandu*) sono la brama, l'ira e l'ignoranza.

10. MEDITAZIONE E CONTEMPLAZIONE

mente è priva di mente; contempla all'esterno le forme, e la forma è priva di forma; e contempla da lontano gli oggetti, e l'oggetto è privo di oggetto. Quando si risveglia a queste tre cose, le vede nel loro vuoto. (*Qingjing jing*)

Tra gli usi principali del *Qingjing jing* vi è stata, e vi è ancora oggi, la sua recitazione quotidiana da parte di monaci, monache, e adepti del taoismo Quanzhen.

11

L'ALCHIMIA ESTERNA

L'alchimia cinese si divide in due rami principali, ovvero il Waidan, o Alchimia Esterna, e il Neidan o Alchimia Interna. Il Waidan (lett. 'elisir esterno'), sorto per primo, si basa sulla composizione di elisir tramite la manipolazione di minerali e metalli, che sotto l'azione del fuoco rilasciano le loro essenze. Il Neidan (lett. 'elisir interno'), oggetto del prossimo capitolo, intende invece produrre l'elisir all'interno della persona stessa, secondo due modelli principali di dottrina e di pratica: primo, riconducendo allo stato originale i principali componenti dell'essere umano, ovvero l'essenza, il soffio, e lo spirito; secondo, purificando la mente da contaminazioni e passioni, al fine di 'vedere la propria natura' (*jianxing*).

Né l'alchimia nel suo insieme, né il Waidan o il Neidan intesi singolarmente, costituiscono una 'scuola' taoista con un corpus canonico definito e una singola linea di trasmissione. Al contrario, ognuno dei due rami mostra una notevole varietà di forme di dottrina e di pratica. Tuttavia, al di là delle sue diverse forme, l'alchimia si fonda sugli stessi principi che riguardano il rapporto tra il Dao e il cosmo nell'intero taoismo. Come abbiamo visto nei capitoli precedenti, il cosmo è visto come l'ultimo stadio in una serie di trasformazioni che comprendono il Non-Essere (*wu*), l'Unità (*yi*), la dualità (Yin e Yang), e infine la molteplicità (le 'diecimila cose'). L'alchimia propone di ripercorrere questo processo a ritroso e di tornare al suo inizio.

La tradizione Taiqing (Grande Chiarezza)

Le origini storiche dell'alchimia cinese sono sconosciute. Alcune fonti attribuiscono dottrine e metodi a divinità che dapprima li trasmisero l'una all'altra nei cieli, e in un secondo tempo li rivelarono all'umanità. Altre fonti, soprattutto agiografiche, consistono di racconti sulla ricerca dell'immortalità, o di leggende su una 'medicina' che si trova nei paradisi degli immortali.

La prima testimonianza storica sul Waidan è legata a uno dei *fangshi* ('maestri dei metodi') del periodo Han (vedi il cap. 3). Intorno al 133 a.C., Li Shaojun suggerì all'Imperatore Wu di compiere offerte a una fornace alchemica per evocare gli esseri soprannaturali, alla cui presenza il cinabro si sarebbe trasmutato in oro. Mangiare e bere da utensili prodotti con quell'oro avrebbe prolungato la vita dell'imperatore e gli avrebbe permesso di incontrare gli immortali. Infine, dopo aver celebrato i rituali Feng e Shan (le più importanti cerimonie imperiali rivolte al Cielo e alla Terra), l'imperatore sarebbe divenuto un immortale:

> [Li] Shaojun disse all'imperatore: "Compiendo offerte alla fornace, si possono convocare gli esseri soprannaturali. Dopo averli convocati, il cinabro può essere trasmutato in oro. Quando l'oro è stato prodotto e modellato in recipienti per mangiare e bere, si può prolungare la vita. Prolungando la vita, si è in grado di incontrare gli immortali dell'isola Penglai, che si trova in mezzo al mare. Dopo averli visti e dopo avere celebrato le cerimonie Feng e Shan, non si morirà". (*Shiji*, cap. 28)

Dettagli sulla prima tradizione Waidan propriamente detta emergono solo tre secoli dopo Li Shaojun. Così chiamata dal nome dal cielo da cui discese la sua rivelazione, la tradizione Taiqing (Grande Chiarezza) ebbe origine nel Jiangnan, la stessa regione che, come abbiamo visto, svolse un ruolo cruciale nella storia del Taoismo durante le Sei Dinastie (cap. 4). I suoi testi e metodi furono trasmessi all'Imperatore Giallo dalla Donna Misteriosa (Xuannü), uno dei personaggi semi-divini da cui questo sovrano mitico ricevette insegnamenti sulle arti esoteriche. Poi, intorno all'anno 200, un uomo divino (*shenren*) rivelò i testi Taiqing a Zuo Ci, un altro *fangshi*, e ancora più tardi essi

11. L'ALCHIMIA ESTERNA

entrarono in possesso della famiglia di Ge Hong (283-343), che li riassume nei Capitoli Interni del suo *Baopu zi* (Il Maestro che Abbraccia la Natura Spontanea). I tre testi principali sono il *Taiqing jing* (Libro della Grande Chiarezza), il *Jiudan jing* (Libro dei Nove Elisir), e il *Jinye jing* (Libro del Liquore d'Oro). Le versioni di queste opere contenute nell'odierno Canone Taoista permettono di ricostruire i principali aspetti dell'alchimia cinese antica.[1]

Nei testi Taiqing, la composizione dell'elisir è la parte centrale di un processo che comprende diverse fasi, ognuna delle quali è caratterizzata dall'esecuzione di riti e cerimonie. La pratica alchemica consiste in questo intero processo, e non soltanto nel lavoro alla fornace. Per ricevere i testi e le istruzioni, il discepolo offre anzitutto pegni al suo maestro e fa voto di segretezza. Poi si ritira su una montagna o in un luogo isolato con i suoi assistenti, e svolge pratiche di purificazione. Dopo avere delimitato lo spazio rituale con talismani (*fu*) per proteggerlo da influenze nocive, costruisce al suo centro la Camera dell'Elisir (*danshi*, il laboratorio alchemico), in cui solo lui e i suoi assistenti possono entrare. Quando le pratiche di purificazione sono completate, il fuoco può essere acceso in un giorno propizio secondo il calendario tradizionale. Questa fase è segnata da un'invocazione indirizzata a varie divinità, ovvero il Grande Signore del Dao (Da Daojun) e i suoi due assistenti, il Signore Lao (Laojun, l'aspetto divinizzato di Laozi) e il Signore della Grande Armonia (Taihe jun):

> Quando accendi il fuoco devi compiere una cerimonia accanto al crogiolo. Prendi cinque pinte di liquore bianco di buona qualità, tre libbre di carne di bue essiccata, la stessa quantità di carne di pecora essiccata, due pinte di miglio giallo e di riso, tre pinte di grandi datteri, un quarto di moggio di pere, trenta uova di gallina cotte, e tre carpe, ognuna del peso di tre libbre. Poni le offerte su

---

1. Sulla tradizione Taiqing vedi Pregadio, *Great Clarity*.

tre supporti, e su ognuno di essi brucia incenso in due coppe. Rendi omaggio due volte e pronuncia questa invocazione:

"Questo piccolo uomo, (*nome dell'adepto*), rivolge sinceramente e interamente i suoi pensieri al Grande Signore del Dao, al Signore Lao, e al Signore della Grande Armonia. Ahimè! Questo piccolo uomo, (*nome dell'adepto*), desidera la Medicina della Vita! Guidatelo affinché la Medicina non si volatilizzi e non vada perduta, ma sia invece fissata dal fuoco! Fate sì che la Medicina sia buona ed efficace, che le trasmutazioni avvengano senza esitazioni, e che il Giallo e il Bianco siano interamente fissati! Quando ingerisco la Medicina, fate sì che io ascenda in volo come un immortale, che abbia udienza al Palazzo Purpureo, che viva una vita senza fine, e che divenga un uomo realizzato (*zhenren*)!".[2]

Offri il liquore, alzati, e rendi omaggio altre due volte. Infine offri noci di kaya, mandarini e pomeli. Poi potrai accendere il fuoco secondo il metodo. (*Jiudan jing*)

Da questo momento, l'alchimista concentra la propria attenzione sulla fornace e sul crogiolo, e compone l'elisir seguendo le istruzioni date nei testi e quelle ricevute dal suo maestro. Quando l'elisir è pronto, ne offre diverse quantità a varie divinità, e ne lascia un'altra parte nel mercato della città, per permettere ad altri di trarne beneficio. Infine, rende ancora una volta omaggio agli dèi, e all'alba di un giorno propizio ingerisce l'elisir.

Oltre a questi aspetti rituali, la tradizione Taiqing è caratterizzata da un insieme di metodi fondamentali, le cui caratteristiche possono essere riassunte come segue. Gli ingredienti vengono riscaldati in un crogiolo, chiuso ermeticamente per evitare la dispersione del 'soffio' (*qi*). Sotto l'azione del fuoco, gli ingre-

---

2. I termini 'giallo e bianco' si riferiscono all'oro e all'argento. Il Palazzo Purpureo (Zigong) si trova nella costellazione dell'Orsa Maggiore, al centro del cosmo.

11. L'ALCHIMIA ESTERNA

dienti rilasciano le loro essenze. Il crogiolo viene poi lasciato raffreddare, e dopo il necessario numero di giorni viene aperto. L'elisir si sarà coagulato sotto la parte superiore del recipiente. Viene accuratamente raccolto, di solito usando la penna di un gallo, e viene unito ad altre sostanze, ad esempio miele. In alcuni casi viene nuovamente posto nel crogiolo e sottoposto di nuovo all'azione del fuoco; in altri casi viene conservato per essere poi ingerito.

Al centro della pratica, sia in senso tecnico che rituale, si trova il crogiolo (*fu*). Al suo interno, gli ingredienti ritornano (*huan*) al loro stato originale (da cui il principale nome generico dell'elisir, *huandan* o Elisir del Ritorno, termine che allude anche al 'ritorno al Dao'). Un commentario del VII secolo a uno dei testi Taiqing considera l'elisir equivalente all'"essenza" (*jing*) da cui, come si legge nel *Daode jing*, il Dao dà origine al mondo: "Vago e indistinto! Al suo interno vi è qualcosa. Misterioso e oscuro! Al suo interno vi è un'essenza" (sez. 21; vedi sopra, cap. 1). L'elisir è dunque un segno tangibile dell'essenza attraverso cui il Dao genera il cosmo, una sostanza pura e perfetta che rappresenta la congiunzione di spirito e materia.

Ingerire l'elisir dona l'immortalità e l'ammissione nei ranghi della burocrazia celeste:

> I diecimila dèi diverranno il tuoi assistenti e offriranno la loro protezione, e le donne di giada saranno al tuo servizio. I divini immortali ti accoglieranno, e salirai al cielo. I cento spiriti, gli dèi del Suolo e del Miglio, il Conte del Vento, e il Maestro della Pioggia ti daranno il benvenuto, e li avrai al tuo servizio. (*Jiudan jing*)

L'elisir concede inoltre guarigione da malattie e protezione da demoni, spiriti, e altre entità nocive, tra cui armi, animali selvaggi, e persino ladri. E' importante notare che, affinché l'elisir fornisca questi ulteriori benefici, non è necessario ingerirlo: lo si può semplicemente tenere in mano o portare alla cintura come un potente talismano apotropaico.

Alchimia e cosmologia

Come tutti i testi Waidan del periodo delle Sei Dinastie, i testi Taiqing non si basano sul sistema della cosmologia correlativa. Questo sistema, invece, è alla base delle tradizioni Waidan del periodo Tang e praticamente dell'intero Neidan. Le fondamenta di questo nuovo modello di dottrina e di pratica vennero fornite dallo *Cantong qi*, o *Sigillo dell'Unità dei Tre*, un'opera tradizionalmente datata al II secolo d.C. ma risalente al periodo compreso tra la metà del V e la metà del VII secolo. All'interno della tradizione alchemica, le dottrine dello *Cantong qi* sono state lette principalmente alla luce del Neidan, ma si riferiscono in gran parte anche al Waidan.[3]

Le dottrine dello *Cantong qi* sul 'non-fare' (*wuwei*) verranno descritte nel prossimo capitolo. Qui dobbiamo notare che lo *Cantong qi* e la sua tradizione traggono dalla cosmologia correlativa varie serie di emblemi che rappresentano il rapporto del cosmo con il Dao (vedi il cap. 5). La serie principale è formata da quattro trigrammi del *Libro dei Mutamenti*, ovvero Qian ☰, Kun ☷, Kan ☵, e Li ☲. Come abbiamo visto, questi trigrammi rappresentano i diversi modi assunti dal Dao nella sua automanifestazione: Qian ☰ (il Vero Yang) è il suo aspetto attivo, e Kun ☷ (il Vero Yin) è il suo aspetto passivo. La loro continua congiunzione dà alla luce il cosmo, dove Qian e Kun vengono sostituiti rispettivamente da Li ☲ (Yang) e Kan ☵ (Yin). Nell'ambito cosmico, quindi, il Vero Yang si trova all'interno dello Yin (la linea interna di Kan ☵), e il Vero Yin si trova all'interno dello Yang (la linea interna di Li ☲).

In base a questi principi, l'unica forma di pratica alchemica sancita dallo *Cantong qi* e dalle opere che seguono il suo sistema

---

3. Lo *Cantong qi* è tradotto in Pregadio, *The Seal of the Unity of the Three*. Il titolo completo di quest'opera è *Zhouyi cantong qi*, o *Sigillo dell'Unità dei Tre in accordo al Libro dei Mutamenti*. I 'tre' vengono definiti all'interno del testo (sez. 84 e 87) come i principi del *Libro dei Mutamenti*, la via taoista del 'non-fare' (*wuwei*), e l'alchimia.

è quella che consente la congiunzione di Qian e Kun, o Vero Yang e Vero Yin. Secondo lo *Cantong qi*, solo il Piombo Vero (*zhenqian*) e il Mercurio Vero (*zhenhong*) sono conformi a Qian e Kun. Le entità Yin e Yang che contengono questi due principi autentici sono rispettivamente il 'piombo nero' (o piombo nativo) e il cinabro. In questa rappresentazione, l'alchimia consiste quindi nell'estrarre il Piombo Vero dal 'piombo nero' e il Mercurio Vero dal cinabro, e nel congiungerli. Ciò viene realizzato nel Waidan per mezzo dei corrispondenti minerali e metalli, e nel Neidan operando su varie componenti del corpo umano (sia fisiche che immateriali) simbolicamente denotate dagli stessi termini; ad esempio, il 'soffio dei reni' e il 'liquore del cuore', che rappresentano rispettivamente lo Yang nello Yin (il Piombo Vero) e lo Yin nello Yang (il Mercurio Vero).

Metodi principali

L'influenza dello *Cantong qi* sulle tradizioni alchemiche è visibile solo a partire dal VII secolo. Per quanto riguarda il Waidan, all'interno di un gran numero di metodi documentati dalle fonti, due divennero particolarmente rappresentativi durante il periodo Tang. Il primo metodo, non basato sullo *Cantong qi* e di cui esistono diverse varianti, si basa sul cinabro (Yang). Il mercurio contenuto nel cinabro (Yin nello Yang) viene estratto e aggiunto a zolfo (Yang) per formare di nuovo cinabro. Questo processo, solitamente ripetuto sette o nove volte, produce una sostanza ritenuta di natura progressivamente più Yang (7 e 9 sono numeri Yang). Il risultato è un elisir che incorpora le qualità luminose dello Yang Puro (*chunyang*), ovvero lo stato di Unità precedente alla separazione dell'Uno nei Due.

Il secondo metodo deriva invece direttamente dalle dottrine dello *Cantong qi*, e quindi tiene conto non solo dello Yin e dello Yang nel mondo che conosciamo, ma soprattutto delle loro 'vere' nature precosmiche. Qui, come abbiamo detto, gli ingredienti iniziali sono il cinabro nativo (Yang ☱) e il piombo nativo (Yin

☷). Essi vengono dapprima raffinati separatamente, cosicché il cinabro produce il Vero Mercurio, ossia il Vero Yin (☷), e il piombo produce il Vero Piombo, ossia il Vero Yang (☰). Quando le due sostanze raffinate sono congiunte, si ottiene un elisir che, ancora una volta, incorpora le qualità dello Yang Puro.

Altri aspetti delle tradizioni Waidan ispirate dallo *Cantong qi* mostrano che, durante il periodo Tang, i metodi alchemici intendono riprodurre aspetti del sistema cosmologico. Due esempi sono particolarmente rappresentativi. Diversi alchimisti di questo periodo (come i loro compagni in altre parti del mondo) sostengono che la loro opera riproduce il processo attraverso cui la natura trasmuta minerali e metalli in oro nel grembo della terra. L'elisir preparato nel laboratorio alchemico ha dunque le stesse proprietà del cosiddetto Elisir Naturale (*ziran huandan*), che la natura raffina in un ciclo cosmico di 4320 anni. Questo numero corrisponde alla somma delle 12 'ore doppie' (*shi*) contenute nei 360 giorni che formano un anno secondo il calendario lunare. Attraverso l'opera alchemica, quindi, un processo che richiede un intero ciclo cosmico può essere riprodotto in un tempo relativamente breve.[4]

Un analogo intento di riprodurre i cicli cosmici ispira il metodo per riscaldare l'elisir, noto come Fasi del Fuoco (*huohou*). Qui i dodici 'esagrammi sovrani' (*bigua*) del *Libro dei Mutamenti* sono utilizzati per rappresentare un ciclo temporale completo, dal sorgere del principio Yang sino al suo punto più alto di sviluppo, seguito dal suo declino e al ritorno allo Yin Puro (vedi tavola 3). Questo processo in dodici stadi— che come vedremo nel prossimo capitolo fu adottato anche nel Neidan— replica l'aspetto ciclico del tempo: i dodici esagrammi corrispondono alle dodici 'ore doppie' del giorno e ai dodici mesi dell'anno. Il modello testuale di questo processo è la descrizione del ciclo del Sole durante l'anno contenuto nello *Cantong qi* (sez. 51).

4. Vedi Sivin, "The Theoretical Background of Elixir Alchemy", 245-48.

11. L'ALCHIMIA ESTERNA

Il declino del Waidan

Le analogie tra i due principali metodi Waidan descritti sopra — entrambi producono un elisir che incorpora le qualità dello Yang Puro — non devono nascondere un evento fondamentale nella storia dell'alchimia cinese. A partire dal periodo Tang, grazie all'influenza dello *Cantong qi*, piombo e mercurio divengono le sostanze principali nel Waidan, non soltanto come ingredienti di elisir ma soprattutto come emblemi di principi cosmologici: rispettivamente il Vero Yang e il Vero Yin. A sua volta, la possibilità di sovrapporre emblemi alchemici a quelli cosmologici, e viceversa, permette all'intero repertorio di termini e immagini della cosmologia correlativa (non solo lo Yin e lo Yang, ma anche i cinque agenti, gli otto trigrammi, e così via) di entrare nel linguaggio dell'alchimia.[5]

In questo modo, il Waidan iniziò a trasformarsi in un sistema simbolico che permette di descrivere in termini alchemici una metafisica (la non-dualità di Dao e cosmo), una cosmogonia (la nascita del cosmo dal Dao), e una cosmologia (il funzionamento del cosmo visto come operazione del Dao). L'elisir e i suoi ingredienti, ovvero le coppie piombo-mercurio e cinabro-piombo nativo, divengono emblemi che permettono di rappresentare i diversi stadi attraverso cui il Dao genera il cosmo, e soprattutto di ripercorrerli partendo dall'ultimo stadio per risalire sino al primo. Parallelamente, gli aspetti rituali del processo Waidan, tipici della tradizione Taiqing, persero in gran parte o anche del tutto la loro importanza.

Il linguaggio figurativo dell'alchimia è adatto non solo a rappresentare principi dottrinali ma si presta anche a descrivere

---

5. Ad esempio, in quanto emblemi del vero Yang e del vero Yin, piombo e mercurio corrispondono rispettivamente agli agenti Metallo e Legno, e sono dunque rappresentati dal drago e dalla tigre. Oppure, se il sistema di riferimento è quello dei tronchi celesti (vedi tavola 4), piombo e mercurio corrispondono a *wu* e *ji*, gli emblemi che rappresentano gli aspetti Yang e Yin dell'Unità. Oltre a queste, diverse altre configurazioni sono possibili, tra cui alcune che contraddicono quelle appena descritte.

molteplici forme di pratica, a condizione che si ispirino a tali principi. Ciò aprì la strada alla nascita del Neidan: usando gli stessi concetti e la stessa terminologia, le operazioni alchemiche possono svolgersi anche all'interno di un altro microcosmo: non più il crogiolo alchemico, ma il corpo umano, o piuttosto l'essere umano nel suo complesso. Elementi tratti dai metodi antichi di meditazione taoista vennero incorporati in nuove pratiche per la preparazione dell'elisir interno, anche se, come vedremo nel prossimo capitolo, ciò causò la scomparsa delle divinità interiori.

12

L'ALCHIMIA INTERNA

Il Neidan, o Alchimia Interna, potrebbe essere facilmente interpretato come una semplice trasposizione delle pratiche 'esterne' del Waidan a un piano interiore, ma questo punto di vista sarebbe riduttivo. Ovviamente, il Neidan trae dal Waidan molti termini fondamentali riguardanti operazioni alchemiche, strumenti, ingredienti, e, più importante tra tutti, il termine stesso di 'elisir' (*dan*). Ma nonostante queste e altre analogie, il Neidan deve le sue origini più ai metodi di meditazione sulle divinità interiori che al Waidan. Alcuni aspetti di questi metodi, che come abbiamo visto (cap. 10) comprendevano già immagini alchemiche, si aggiungono a concetti ed emblemi tratti dal sistema cosmologico, a termini e simboli alchemici, e a elementi provenienti da varie altre dottrine e pratiche.

La sintesi Neidan

I maestri Neidan affermano spesso che la loro tradizione sintetizza i Tre Insegnamenti (*sanjiao*), ovvero confucianesimo, taoismo, e buddhismo. Di fatto, i componenti che si possono identificare nel Neidan nel suo complesso sono ancora più numerosi. Concedendo una notevole libertà nel formulare dottrine e nel dar forma a metodi, il Neidan trae insegnamenti dal *Daode jing*, vocabolario dal *Zhuangzi*, emblemi cosmologici dal *Libro dei Mutamenti*, aspetti dei metodi di visualizzazione e meditazione, pratiche fisiologiche (soprattutto quelle riguardanti la respirazione) dalle discipline del Nutrire la Vita (*Yangsheng*), rappresentazioni del corpo umano dalla medicina tradizionale, linguaggio alchemico dal Waidan, e concetti dottrinali dal buddhismo, dal confucianesimo, e dal neoconfucianesimo.

Con una sola importante eccezione, questa combinazione senza uguali di componenti determina la pressoché completa scomparsa delle divinità interiori. La loro rimozione ha motivi diversi, due dei quali sono particolarmente importanti. Anzitutto, incorporare queste divinità nel Neidan renderebbe necessaria una pressoché irrealizzabile trasposizione del pantheon interno su un modello cosmologico diverso, quello fornito dallo *Cantong qi* (Sigillo dell'Unità dei Tre; vedi il capitolo precedente). In secondo luogo, non sarebbe possibile rappresentare mediante divinità, interne o esterne, la reintegrazione di ciascuna fase ontologica (molteplicità, dualità, unità) nella fase precedente, e ancor meno il ritorno allo stato del Non-Essere. L'unica, ma importante, eccezione è il Bambino Rosso (Chizi), la principale divinità interiore della meditazione taoista antica (vedi il cap. 10). Quando riappare nel Neidan, tuttavia, il Bambino Rosso, che rappresenta il 'vero sé', non è più una divinità posseduta da tutti gli esseri umani: è un'immagine dell'elisir da generare per mezzo della pratica alchemica.

I prestiti appena menzionati avvengono a diversi livelli di ampiezza e di profondità a seconda delle tradizioni e dei loro rappresentanti; ma data la loro varietà, sembra privo di senso supporre che essi abbiano semplicemente svolto un'"influenza' sul Neidan. Piuttosto, ciascun componente può servire come uno dei diversi elementi che i maestri utilizzano liberamente, e quando lo reputano opportuno, per elaborare i loro discorsi e i loro metodi. Diversi maestri, in particolare, notano che il Neidan può essere compreso solo alla luce del *Daode jing*, da loro considerato l'"origine della Via dell'Elisir d'Oro". Un altro importante componente, ovvero la cosmologia, fornisce immagini (*xiang*) utilizzate non solo per mostrare come modelli cosmici spaziali e temporali vengono replicati nella pratica, ma anche, nelle parole di Li Daochun (fl. 1290), per "dar forma a ciò che non ha forma attraverso la parola, e in questo modo manifestare l'autentico e assoluto Dao".[1]

---

1. *Zhonghe ji*, citato in Robinet, *The World Upside Down*, 18.

12. L'ALCHIMIA INTERNA

Principali lignaggi

A quanto sappiamo, il Neidan ha avuto origine intorno all'inizio dell'VIII secolo. Sino a oggi, è stato trasmesso in vari lignaggi, ognuno dei quali ha visto a proprio modo il Neidan stesso e la sua pratica.[2] I principali lignaggi sono i seguenti:

1. Zhong-Lü. Così definita dai nomi di Zhongli Quan e Lü Dongbin, due illustri immortali taoisti, questa tradizione, sviluppatasi probabilmente a partire dalla metà dell'VIII secolo, è caratterizzata da una particolare attenzione a pratiche fisiologiche, strettamente correlate a principi cosmologici. Il suo testo principale è il *Zhong-Lü chuandao ji* (Antologia della Trasmissione del Dao da Zhongli Quan a Lü Dongbin), il primo importante trattato dottrinale Neidan. Le sue pratiche sono esposte nel *Lingbao bifa* (Metodi Completi del Tesoro Sacro).[3]

2. Nanzong (Lignaggio del Sud). Dopo lo *Cantong qi*, il più importante testo del Neidan è il *Wuzhen pian* (Risveglio alla Realtà), opera in poesia composta da Zhang Boduan (987-1082?). Nel XIII secolo Zhang Boduan venne posto all'origine del Nanzong, e il *Wuzhen pian* divenne la principale fonte testuale di questo lignaggio.[4]

3. Beizong (Lignaggio del Nord). Come abbiamo visto nel cap. 4, il Beizong è il nucleo originario della scuola taoista del Quanzhen, fondata da Wang Zhe (Wang Chongyang, 1113-70). Testi Neidan sono attribuiti sia a Wang Zhe che a uno dei suoi discepoli, ovvero Qiu Chuji, ma la loro autenticità è quanto meno incerta.

---

2. Vedi Yokote, "Daoist Internal Alchemy in the Song and Yuan Periods".

3. Il *Lingbao bifa* è tradotto in Baldrian-Hussein, *Procédés secrets du joyau magique*.

4. Il *Wuzhen pian* è tradotto in Robinet, *Introduction à l'alchimie intérieure taoïste*, 205-54; Crowe, "Chapters on Awakening to the Real"; Pregadio, *Awakening to Reality*.

4. Longmen (Porta del Drago). Nei periodi Ming e Qing (ovvero dalla metà del XIV all'inizio del XX secolo), molti maestri Neidan dichiarano la loro affiliazione al Longmen (sia prima che dopo la sua costituzione ufficiale da parte di Wang Changyue, 1592-1680), o all'uno o l'altro dei suoi numerosi rami. Il famoso testo noto come *Segreto del Fiore d'Oro* fu posto da Min Yide (1748-1836) a capo del corpus testuale del ramo Jingai del Longmen, dove è ritenuto l'opera principale sulla coltivazione della natura interiore.[5]

Natura (xing) *ed Esistenza* (ming)

Soprattutto nelle forme che integrano elementi dottrinali provenienti dal buddhismo e dal neoconfucianesimo, il Neidan basa il suo discorso e la sua pratica su *xing* e *ming*, due concetti cardinali nella sua visione dell'essere umano.[6] Opere diverse definiscono il *xing* e il *ming* come "la radice e il fondamento della coltivazione di sé", "il segreto dell'Elisir d'Oro", "l'essenziale per la composizione dell'elisir", e "la sapienza dei divini immortali".

Xing denota la 'natura interiore', innatamente risvegliata, che fa capo allo spirito (*shen*) ed è legata alla mente (*xin*). I testi Neidan discorrono spesso sul *xing* utilizzando termini ed espressioni buddhisti, tra i quali 'vedere la propria natura' (*jianxing*).[7]

---

5. Il titolo *Segreto del Fiore d'Oro* fu creato da Richard Wilhelm quando, nel 1929, tradusse quest'opera in tedesco, accompagnata da un "Commentario" dello psicoanalista Carl G. Jung (per la traduzione inglese, vedi Wilhelm e Jung, *The Secret of the Golden Flower: A Chinese Book of Life*). Il titolo originale del testo è *Taiyi jinhua zongzhi*, o *Insegnamenti Ancestrali sul Fiore d'Oro della Grande Unità*.

6. Vedi Robinet, *Introduction à l'alchimie intérieure taoïste*, 165-95; e Pregadio, "Destiny, Vital Force, or Existence? On the Meanings of *Ming* in Daoist Internal Alchemy and Its Relation to *Xing* or Human Nature".

7. Questo termine può anche essere letto *xianxing*, nel cui caso è inteso come 'manifestare la propria natura'.

12. L'ALCHIMIA INTERNA

Ming, un termine molto complesso, denota l'esistenza individuale, che fa capo al soffio (*qi*) ed è legata al corpo (*shen*). Il termine denota in primo luogo l'*'*ordine' o il 'mandato' conferito dal Cielo a ogni individuo, ma i suoi sensi comprendono anche vita, durata di vita, e destino. Mentre il *xing* non nasce ed è quindi libero dalla morte, tutto ciò che esiste nell'ambito del *ming* ha un inizio e una fine.

Questi due concetti hanno dato origine a due principali modelli di pratica, legati almeno formalmente a due dei lignaggi menzionati sopra. Il primo modello, associato con il Nanzong, dà inizialmente priorità alla coltivazione del *ming* (l'esistenza individuale), progredendo gradualmente alla coltivazione del *xing* (la natura interiore). Il secondo modello, associato con il Beizong, dà invece rilievo alla coltivazione del *xing* per mezzo di 'chiarezza e quiescenza' (*qingjing*); secondo i maestri che seguono questo modello, la coltivazione del *xing* comprende di per sé anche la coltivazione del *ming*.

Le prossime sezioni di questo capitolo riguardano questi due modelli. Nonostante le loro differenze, va sottolineato che il Neidan nel suo complesso insiste ripetutamente sul fatto che *xing* e *ming* debbano entrambi essere coltivati, idea riflessa nel termine 'coltivazione congiunta di Natura ed Esistenza' (*xingming shuangxiu*). In pratica, la principale differenza tra i due modelli riguarda quale, tra *xing* e *ming*, sia la chiave per la coltivazione dell'altro.

*L'*Immagine della Trama Interiore

La visione del corpo umano nel Neidan è stata spesso rappresentata per mezzo di illustrazioni.[8] Prima di descrivere gli aspetti principali della pratica Neidan secondo il modello Nanzong, può essere utile osservare la più nota di queste illustrazioni, che ha il

---

8. Vedi Despeux, *Taoïsme et connaissance de soi*, e Huang, *Picturing the True Form*, 25-85.

titolo di *Neijing tu* (Immagine della Trama Interiore, o Immagine del Paesaggio Interiore; fig. 9). L'immagine si riferisce chiaramente a quello che abbiamo chiamato il 'modello naturale' del corpo simbolico, ovvero al tema del corpo come paesaggio (vedi il cap. 8). Come altre rappresentazioni taoiste del corpo umano, anche questa va osservata dal basso verso l'alto: le sue tre parti principali seguono il corso della pratica alchemica e si basano rispettivamente sui Campi di Cinabro inferiore, centrale, e superiore.

Nella parte inferiore della figura, una ragazza e un ragazzo che rappresentano lo Yin e lo Yang lavorano su una ruota idraulica alla base della colonna vertebrale. Invertendo il flusso dell'"essenza" (*jing*), rappresentata dal corso d'acqua lungo la spina dorsale, evitano che essa scorra verso il basso e venga dispersa. L'acqua, ovvero l'essenza, risale dunque il suo corso e viene riscaldata da una fornace ardente posta accanto al Campo di Cinabro inferiore, indicato dai quattro simboli Yin-Yang; questi ultimi rappresentano i quattro agenti esterni (Legno, Fuoco, Metallo, Acqua), con il quinto (il Suolo) rappresentato dalla loro congiunzione. A sinistra del Campo di Cinabro vi è "il bufalo di ferro che ara la terra e pianta la moneta d'oro", un'immagine del primo seme dell'elisir.

Al centro dell'immagine si trova il Campo di Cinabro centrale, che ha forma di una spirale ed è situato nella regione del cuore. Poco sopra è raffigurato un bambino (il 'vero sé' dell'adepto) che tiene in mano la costellazione dell'Orsa Maggiore, simbolo del centro del cosmo. Un aspetto notevole di questa illustrazione è che all'immagine del bambino si sovrappone quella del Mandriano. Secondo un famoso racconto cinese, il Mandriano (corrispondente alla costellazione Altair) può incontrarsi e congiungersi solo una volta all'anno con la sua amante, la Tessitrice (corrispondente a Vega), raffigurata sotto di lui mentre lavora al telaio. Il Campo di Cinabro centrale è dunque visto, come in tutti gli altri casi analoghi nel taoismo, come centro in quanto luogo della congiunzione di Yin e Yang.

12. L'ALCHIMIA INTERNA

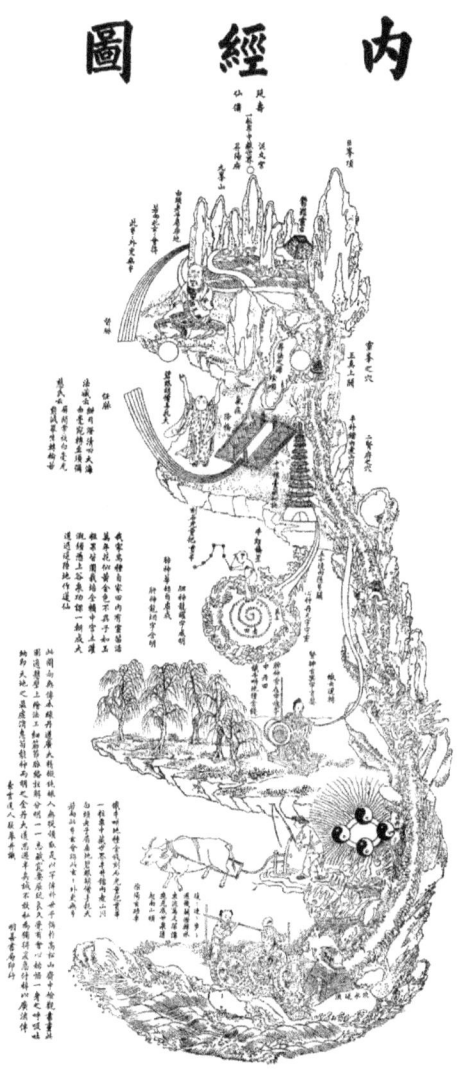

Fig. 9. *Neijing tu* (Immagine della Trama Interiore).

La parte superiore dell'immagine rappresenta il Campo di Cinabro superiore. Da dietro le montagne, a sinistra, emerge il Vaso di Controllo (*dumai*), e sotto di esso ha inizio il Vaso di Funzione (*renmai*). Insieme, questi due vasi formano il percorso attraverso cui il cosiddetto Carro del Fiume (*heche*, altra immagine legata all'acqua) trasporta l'essenza durante la prima fase della pratica Neidan, prima verso l'alto nella parte posteriore del tronco, e poi verso il basso nella sua parte anteriore.[9] Il vecchio seduto accanto al Vaso di Controllo è Laozi, mentre il monaco in piedi accanto al Vaso di Funzione è Bodhidharma (il quale, secondo la tradizione, trasmise il buddhismo Chan dall'India alla Cina). Questa immagine non si riferisce soltanto all'integrazione di taoismo e buddhismo che secondo molti maestri e adepti viene compiuta dal Neidan, ma anche al fatto che la terza e ultima fase della pratica Neidan, basata sul Campo di Cinabro superiore, ha una durata simbolica di nove anni, lo stesso periodo di tempo che Bodhidharma trascorse in meditazione di fronte a un muro. I due cerchi corrispondono agli occhi e rappresentano il Sole e la Luna, ovvero, ancora una volta, lo Yin e lo Yang.

I tre stadi

L'immagine che abbiamo osservato raffigura in forma grafica il modello più esemplare della pratica Neidan, legata al Nanzong (Lignaggio del Sud). In questa codificazione, la pratica si compone di una fase preliminare, che serve a rinvigorire l'essenza, il soffio, e lo spirito, seguita da tre fasi principali.[10] Il fine principale

---

9. I vasi di Controllo e di Funzione sono due degli otto 'canali straordinari' (*qijing*), detti anche 'otto vasi' (*bamai*), utilizzati anche nell'agopuntura. Abbiamo qui un ulteriore esempio dell'uso di elementi provenienti da altre tradizioni (in questo caso, la medicina) nel Neidan.

10. Sulle fasi della pratica Neidan vedi Despeux, *Zhao Bichen: Traité d'alchimie et de physiologie taoïste*, 48-82; Robinet, *Introduction à l'alchimie intérieure taoïste*, 147-64; e Wang, *Foundations of Internal*

12. L'ALCHIMIA INTERNA

delle tre fasi è la progressiva reintegrazione di ciascun componente dell'essere umano e del cosmo in quello che lo precede: se da una parte la sequenza cosmogonica è Dao → spirito → soffio → essenza, dall'altra la sequenza alchemica è essenza → soffio → spirito → Dao. Questo modello, tuttavia, esiste in diverse varianti, e un numero significativo di testi Neidan descrive altri modelli, o non menziona alcun modello. Le tre fasi possono essere sintetizzate in questo modo:

1. La prima fase ha il nome di 'raffinare l'essenza per trasformarla in soffio' (*lianjing huaqi*). Al suo centro vi è il Campo di Cinabro inferiore. Il fine di questa fase è quello di reintegrare l'essenza (*jing*) nel soffio (*qi*), e di generare un 'soffio' composto dalla loro unione.[11] Mediante ripetuti cicli di respirazione, l'essenza circola lungo il percorso descritto poco sopra: sale nella parte posteriore del corpo lungo il Vaso di Controllo sino al Campo di Cinabro superiore, per poi scendere nella parte anteriore del corpo lungo il Vaso di Funzione, sino a raggiungere il Campo di Cinabro inferiore dove infine si coagula nel primo seme dell'Elisir Interno.

2. La seconda fase ha il nome di 'raffinare il soffio per trasformarlo in spirito' (*lianqi huashen*). Al suo centro vi è il Campo di Cinabro centrale. Il fine di questa fase è quello di reintegrare il soffio ottenuto nella fase precedente nello spirito (*shen*), e quindi di generare uno 'spirito' composto dalla loro unione. Al termine di questa fase, quindi, essenza, respiro, e spirito sono congiunti in una sola entità.

Alchemy. Sulle corrispondenti pratiche per donne, vedi Valussi, "Female Alchemy: An Introduction"

11. Mentre il soffio comune è rappresentato dal carattere 「氣」, il 'soffio' prodotto nella prima fase della pratica Neidan è rappresentato dal carattere 「炁」, usato anche per rappresentare il Soffio Originale (*yuanqi*). Spesso, però, i testi non rispettano questa distinzione.

3. La terza e ultima fase ha il nome di 'raffinare lo spirito per tornare al Vuoto' (*lianshen huanxu*). Al suo centro vi è il Campo di Cinabro superiore. Il fine di questa fase è quello di perfezionare lo 'spirito' ottenuto nella fase precedente per poter 'tornare al Dao'.

Fig. 10. Le dodici Fasi del Fuoco (*huohou*) nel Neidan.

Nella prima fase, la circolazione dell'essenza guidata dalla respirazione segue una sequenza suddivisa in dodici stadi, corrispondenti ad altrettanti punti posti lungo i vasi di Controllo e di Funzione. Come nel Waidan, anche nel Neidan questa fase della pratica è chiamata Fasi del Fuoco (*huohou*) ed è rappresentata dai dodici 'esagrammi primari' (*bigua*; vedi fig. 10 e tavola 3). La seconda fase utilizza invece un metodo simile a quello della 'respirazione embrionale' (cap. 9).

12. L'ALCHIMIA INTERNA

In molti casi, i tre stadi della pratica sono descritte come il concepimento, la gestazione, e la nascita di un embrione, che personifica lo stato realizzato dell'essere umano.[12] La conclusione del processo consiste allora nella nascita di 'una persona al di fuori della persona' (o di 'un sé al di fuori di sé', *shen zhi wai shen*), definita come la 'vera persona' o il 'vero sé' (*zhenshen*). E' qui che il Neidan mostra le più chiare tracce della sua discendenza dai metodi di meditazione sulle divinità interiori, e soprattutto sul Bambino Rosso (Chizi).

L'alchimia e il 'non-fare'

Quello che abbiamo descritto sopra è il modello Neidan legato alla tradizione Nanzong. La tradizione Beizong, così come i rami del Longmen che si richiamano a essa, si basano invece su un diverso modello. Poiché la mente ordinaria, nello stato condizionato, è l'agente principale che oscura la propria natura (*xing*), in questo secondo modello si dà importanza a principi quali 'rendere vuota la mente' (*xuxin*), 'estinguere la mente' (*miexin*), ed 'essere privi di pensieri' (*wunian*) al fine di 'vedere la propria natura' (*jianxing*). Il metodo per giungere a questo stato è praticare la 'chiarezza e quiescenza' (*qingjing*) della mente, un'espressione che deriva dal *Daode jing* (sez. 45). Wang Zhe, ad esempio, scrive: "Le uniche cose importanti sono le parole 'chiarezza' e 'quiescenza'. Non vi è altra pratica per la coltivazione di sé". Il suo discepolo Ma Yu aggiunge: "Solo 'chiarezza e quiescenza' e 'non-fare' sono i metodi del Veicolo superiore".[13]

Le differenze tra i modelli di dottrina e di pratica Nanzong e Beizong hanno dato vita a un prolungato dibattito all'interno della tradizione Neidan. Mentre alcuni rappresentanti dei due

---

12. Vedi Despeux, "Symbolic Pregnancy and the Sexual Identity of Taoist Adepts".
13. Su questi e altri enunciati simili vedi Yokote, "Daoist Internal Alchemy", 1076-78, e Pregadio, "Destiny, Vital Force, or Existence?", 184-86.

lignaggi hanno insistito sui vantaggi delle rispettive pratiche, altri hanno inteso metterle in relazione tra loro. Il primo esempio di sintesi è proposto da Li Daochun (fl. 1290), secondo cui il metodo Nanzong e quello Beizong conducono rispettivamente alla generazione della Medicina Esterna (*waiyao*) e della Medicina Interna (*neiyao*).[14] Queste due medicine si adattano in primo luogo alle qualità personali dell'adepto. La Medicina Interna, che permette di "trascendere il mondo", è accessibile a chi ha una conoscenza innata del Dao. Altri praticanti, invece, devono iniziare dalla Medicina Esterna, al fine di "prolungare la vita e avere un'esistenza duratura" (*Daode jing*, sez. 59); solo in seguito essi possono procedere alla coltivazione della Medicina Interna. La Medicina Esterna è la via graduale per la coltivazione dell'Esistenza (*ming*), mentre quella Interna è la via immediata per la coltivazione della Natura (*xing*). Nonostante le loro differenze, Li Daochun sottolinea che chi inizia dalla Medicina Esterna potrà raggiungere il punto in cui "conoscerà di per sé la Medicina Interna" e dunque ottenere lo stesso stato di realizzazione di chi la possiede sin dalla nascita.

Gli insegnamenti di Liu Yiming (1734-1821) sono analoghi, ma questo maestro mette i due gradi del Neidan in relazione a un brano dello *Cantong qi*, a sua volta direttamente ispirato dal *Daode jing* (sez. 38), che riguarda il 'non-fare' e il 'fare' e il loro rapporto con l'alchimia:[15]

> "La virtù superiore non fa":
> essa non esamina e non cerca.
> "La virtù inferiore fa":
> la sua operazione non ha sosta. (*Cantong qi*, sez. 20)

---

14. Va notato che la Medicina Esterna non ha alcun rapporto con l'Alchimia Esterna. Come Li Daochun e altri maestri rendono chiaro, questo termine definisce invece uno stadio o un aspetto dell'Alchimia Interna.

15. Vedi Pregadio, "Superior Virtue, Inferior Virtue: A Doctrinal Theme in the Works of the Daoist Master Liu Yiming (1734-1821)".

12. L'ALCHIMIA INTERNA

La 'virtù superiore' è quella del santo taoista, la cui via è il non-fare (vedi il cap. 1). In questa via non serve cercare o realizzare alcunché: lo stato preceleste è spontaneamente conosciuto, ed è solo necessario "conservarlo e custodirlo" (*baoshou*). Quando questo stato viene perduto, principalmente a causa del passaggio dallo stato preceleste a quello postceleste, il Neidan è la via per recuperarlo. Ciò comporta necessariamente il 'fare': in particolare, il compiere una pratica con intenzione e secondo una sequenza prestabilita e graduale. In questo modo di vedere, dunque, l'alchimia è la via della 'virtù inferiore'.

Anche secondo Liu Yiming, i due gradi dell'alchimia sono legati alla coltivazione della Natura e dell'Esistenza. Nel suo *Xiuzhen houbian* (Ulteriori Discriminazioni sulla Coltivazione della Realtà),[16] Liu Yiming afferma:

> Natura ed Esistenza devono essere coltivate in congiunzione (*shuangxiu*), ma nella pratica vi sono necessariamente due stadi (*duan*). Nella virtù superiore, non vi è bisogno di coltivare l'Esistenza, e si coltiva solo la Natura. Quando la Natura viene portata a compimento, anche l'Esistenza viene portata a compimento. Nella virtù inferiore, si deve prima coltivare l'Esistenza e poi coltivare la Natura. Dopo avere portato a compimento l'Esistenza, si deve portare a compimento anche la Natura. Portare a compimento l'Esistenza è il 'fare', portare a compimento la Natura è il 'non-fare'. (*Xiuzhen houbian*, cap. 19)

In questo modo di vedere, l'essere umano è concepito in modo diverso rispetto al modello Nanzong. Al suo centro vi è ciò che Li Daochun chiama la Barriera Misteriosa (*xuanguan*) e ciò che Liu Yiming chiama l'Apertura Unica della Barriera Misteriosa (*xuanguan yiqiao*). Molti dei suoi sinonimi—come Porta dello Yin e Yang, Altare del Drago e della Tigre, Apertura della Tartaruga e del Serpente, Apertura della Natura e dell'Esistenza, e Barrie-

---

16. Il *Xiuzhen houbian* è tradotto in Liu Yiming, *Cultivating the Tao*.

ra della Vita e della Morte—alludono alla congiunzione degli opposti. Sebbene si sia costretti a descriverla come un 'luogo', Liu Yiming sottolinea che l'Apertura Unica è priva di dimensione: "La Barriera Misteriosa non ha forma né immagine: come potrebbe avere una posizione? Non è forma e non è vuoto: come potrebbe avere un luogo?". Poco dopo, Liu Yiming aggiunge:

> Questa è l'apertura che genera il Cielo, la Terra, e gli esseri umani; questo è il villaggio natale dei Santi, dei Buddha, e degli Immortali. Qui allestisci la fornace e appronti il tripode; qui raccogli la Medicina e la raffini; qui coaguli l'elisir; e qui gli dai la nascita. Qui vi è l'Essere, qui vi è il Non-Essere. Qui si trovano l'inizio e la fine di tutte le operazioni. (*Id.*, cap. 16)

L'intera opera alchemica, dunque, si svolge in questo centro privo di spazio.

Poiché la natura interiore è considerata, come nel buddhismo, fondamentalmente risvegliata, l'elisir è visto come già posseduto da ogni essere umano, e il fine del Neidan è quello di preservare questo stato oppure di renderlo nuovamente manifesto. Nel suo commentario al *Wuzhen pian*, Liu Yiming esprime questo modo di vedere dicendo:

> Elisir d'Oro è un altro nome della propria Natura fondamentale [...]. Non vi è altro Elisir d'Oro al di fuori della propria Natura fondamentale. Ogni essere umano ha l'Elisir d'Oro completo in sé stesso: è interamente realizzato in tutti. Non è di più in un saggio né di meno in una persona comune. E' il seme degli Immortali e dei Buddha, la radice dei meritevoli e dei saggi. (*Wuzhen zhizhi*, 1.4b)

Altri maestri Neidan che condividono questo modo di vedere affermano nelle loro opere: "L'Elisir d'Oro è davanti ai tuoi occhi".

OPERE CITATE

Fonti

Le fonti citate nelle edizioni del *Daozang* 道藏 (Canone Taoista) contengono il numero del testo secondo *The Taoist Canon: A Historical Companion to the Daozang*, a cura di Kristofer Schipper e Franciscus Verellen (Chicago: Chicago University Press, 2004).

Baopu zi 抱朴子 (Il Maestro che Abbraccia la Natura Spontanea). Titolo completo: *Baopu zi neipian* 抱朴子內篇. Ge Hong 葛洪 (283-343), ca. 320 d.C. Ed. Wang Ming 王明, *Baopu zi neipian jiaoshi* 抱朴子內篇校釋 (seconda edizione riveduta, Pechino: Zhonghua shuju, 1985).

Cantong qi 參同契 (Sigillo dell'Unità dei Tre). Titolo completo: *Zhouyi cantong qi* 周易參同契. Prob. ca. 450/600 d.C. Testo in Fabrizio Pregadio, *The Seal of the Unity of the Three: A Study and Translation of the* Cantong qi, *the Source of the Taoist Way of the Golden Elixir* (Mountain View, CA: Golden Elixir Press, 2011).

Dadong zhenjing 大洞真經 (Vero Libro della Grande Caverna). Titolo completo: *Shangqing dadong zhenjing* 上清大洞真經. Tardo IV secolo d.C. *Daozang*, num. 6.

Daode jing 道德經 (Libro della Via e della sua Virtù). Prob. ca. 350 a.C. Comm. Heshang gong 河上公, trad. II secolo d.C. Ed. Wang Ka 王卡, *Laozi Daode jing Heshang gong zhangju* 老子道德經河上公章句 (Pechino: Zhonghua shuju, 1993).

Huainan zi 淮南子 (Il Maestro dello Huainan). Liu An 劉安 (179?-122), 139 a.C. Ed. He Ning 何寧, *Huainan zi jishi* 淮南子集釋 (Pechino: Zhonghua shuju, 1998).

Huangting jing 黃庭經 (Libro della Corte Gialla). Titolo completo: *Huangting neijing jing* 黃庭內景經. Tardo IV secolo d.C. In *Yunji qiqian* 雲笈七籤, 11-12.27b. *Daozang*, num. 1032.

Jiudan jing 九丹經 (Libro dei Nove Elisir). Titolo completo: *Huangdi jiuding shendan jing* 黃帝九鼎神丹經. Origin. II secolo d.C. In *Huangdi jiuding shendan jingjue* 黃帝九鼎神丹經訣, cap. 1. *Daozang*, num. 885.

Laozi zhongjing 老子中經 (Libro Centrale di Laozi). Titolo completo: *Taishang Laojun zhongjing* 太上老君中經. Origin. ca. 200 d.C. *Daozang*, num. 1168.

Lingbao wufu xu 靈寶五符序 (Prolegomeni ai Cinque Talismani del Tesoro Sacro). Titolo completo: *Taishang lingbao wufu xu* 太上靈寶五符序. Origin. tardo III secolo d.C. *Daozang*, num. 388.

Neiguan jing 內觀經 (Libro della Contemplazione Interiore). Titolo completo: *Taishang Laojun neiguan jing* 太上老君內觀經. Prob. inizio del VII secolo d.C. *Daozang*, num. 641.

Neiye 內業 (La Pratica Interiore). Prob. tardo IV secolo a.C. Testo in Harold Roth, *Original Tao: Inward Training (Nei-Yeh) and the Foundations of Taoist Mysticism* (Columbia University Press, 1999).

Qingjing jing 清靜經 (Libro della Chiarezza e della Quiescenza). Titolo completo: *Taishang Laojun qingjing xinjing* 太上老君清靜心經. Ca. 700 d.C. *Daozang*, num. 1169.

Santian neijie jing 三天內解經 (Libro delle Spiegazioni Interne dei Tre Cieli). Ca. 450 d.C. *Daozang*, num. 1205.

Shangqing jiudan shanghua taijing zhongji jing 上清九丹上化胎精中記經 (Libro delle Memorie Centrali sull'Essenza Embrionale e la Trasformazione Superiore del Nonuplo Elixir della Chiarezza Suprema). Origin. IV secolo d.C. *Daozang*, num. 1392.

"Shenghua chaodu yinlian bijue" 生化超度陰煉祕訣 (Istruzioni Segrete sulla Purificazione Occulta per il Ritorno alla Vita e la Salvezza delle Anime). Titolo completo: "Yuanshi lingbao ziran jiutian shenghua chaodu yinlian bijue" 元始靈寶自然九

天生化超度陰煉祕訣. Periodo Song. In *Lingbao wushang duren shangjing dafa* 靈寶無量度人上經大法, cap. 57. *Daozang*, num. 219.

Shiji 史記 (Memorie dello Storico). Sima Qian 司馬遷, ca. 90 a.C. Ed. Zhonghua shuju (Pechino, 1985).

Wushang biyao 無上祕要 (I Supremi Principi Essenziali). Tardo VI secolo. *Daozang*, num. 1138.

Wuzhen zhizhi 悟真直指 (Spiegazioni Dirette sul *Risveglio alla Realtà*). Liu Yiming 劉一明 (1734-1821). Ed. *Jingyin Daoshu shi'er zhong* 精印道書十二種 (Jiangdong shuju, 1913).

Xiuzhen biannan 修真辨難 (Discriminazioni sulla Coltivazione della Realtà). Liu Yiming 劉一明 (1734-1821). Ed. *Jingyin Daoshu shi'er zhong* 精印道書十二種 (Jiangdong shuju, 1913).

Xiuzhen houbian 修真後辨 (Ulteriori Discriminazioni sulla Coltivazione della Realtà). Liu Yiming 劉一明 (1734-1821). Ed. *Jingyin Daoshu shi'er zhong* 精印道書十二種 (Jiangdong shuju, 1913).

Yijing 易經 (Libro dei Mutamenti). Parti originali, tardo IX secolo a.C.; appendici, ca. 350-250 a.C. Testo in *Zhouyi yinde* 周易引得 (*A Concordance to Yi Ching*). Pechino: Harvard-Yenching Institute, 1935.

Zhuangzi 莊子 (Il Maestro Zhuangzi). Parti originali, IV secolo a.C.; completato nel II secolo a.C. Ed. Guo Qingfan 郭慶藩, *Zhuangzi jishi* 莊子集釋 (Pechino: Zhonghua shuju, 1961).

Studi

Andersen, Poul. "*Jiao* [Offering]". In *The Encyclopedia of Taoism*, a cura di Fabrizio Pregadio, 1: 539-44. London: Routledge, 2008.

———. "Talking to the Gods: Visionary Divination in Early Taoism (The Sanhuang Tradition)". *Taoist Resources* 5.1 (1994): 1-24.

———. *The Method of Holding the Three Ones: A Taoist Manual of Meditation of the Fourth Century A.D.* London e Malmö: Curzon Press, 1979.

———. "The Practice of Bugang". *Cahiers d'Extrême-Asie* 5 (1989-90): 15-53.

Baldrian-Hussein, Farzeen. *Procédés secrets du joyau magique: Traité d'alchimie taoïste du XIe siècle*. Paris: Les Deux Océans, 1984.

Barrett, T.H. "Reading the *Liezi*: The First Thousand Years". In *Riding the Wind with Liezi: New Perspectives on the Daoist Classic*, a cura di Ronnie Littlejohn e Jeffrey W. Dippmann, 15-30. Albany: State University of New York Press, 2011.

———. *Taoism under the T'ang: Religion and Empire during the Golden Age of Chinese History*. London: Wellsweep Press, 1996.

Benn, Charles D. "Daoist Ordination and Zhai Rituals in Medieval China". In *Daoism Handbook*, a cura di Livia Kohn, 309-39. Leiden: E.J. Brill, 2000.

———. *The Cavern-Mystery Transmission: A Taoist Ordination Rite of A.D. 711*. Honolulu: University of Hawaii Press, 1991.

Berling, Judith. "Self and Whole in Chuang-tzu". In *Individualism and Holism: Studies in Confucian and Taoist Values*, a cura di Donald Munro, 101-19. Ann Arbor: Center for Chinese Studies, The University of Michigan, 1985.

Bokenkamp, Stephen R. "Daoism: An Overview". In *The Encyclopedia of Religion*, a cura di Lindsay Jones, 4: 2176-92. Seconda edizione. New York and London: Macmillan, 2005.

———. "Daoism and Buddhism". In *Encyclopedia of Buddhism*, a cura di Robert E. Buswell, Jr., 197-201. New York: Macmillan Reference USA, 2004.

———. "Death and Ascent in Ling-pao Taoism". *Taoist Resources* 1.2 (1989): 1-20.

———. *Early Daoist Scriptures*. Berkeley: University of California Press, 1997.

———. "Lingbao". In *The Encyclopedia of Taoism*, a cura di Fabrizio Pregadio, 1: 663-69. London: Routledge, 2008.

———. "Simple Twists of Fate: The Daoist Body and Its Ming". In *The Magnitude of Ming: Command, Allotment, and Fate in Chinese Culture*, a cura di Christopher Lupke, 151-68. Honolulu: University of Hawai'i Press, 2005.

———. "Sources of the Ling-pao Scriptures". In *Tantric and Taoist Studies in Honour of Rolf A. Stein*, a cura di Michel Strickmann, 2: 434-86. Bruxelles: Institut Belge des Hautes Études Chinoises, 1983.

———. "Time After Time: Taoist Apocalyptic History and the Founding of the Tang Dynasty". *Asia Major*, third series, 7 (1994): 59-88.

———, e Judith M. Boltz. "Taoist Literature". Parte 1: "Through the T'ang Dynasty". Parte 2: "Five Dynasties to the Ming". In *The Indiana Companion to Traditional Chinese Literature*, a cura di William H. Nienhauser, Jr., 138-52 e 152-74. Seconda edizione. Bloomington: Indiana University Press, 1986.

Boltz, Judith M. *A Survey of Taoist Literature: Tenth to Seventeenth Centuries*. Berkeley: Institute of East Asian Studies, University of California, 1987.

———. "Opening the Gates of Purgatory: A Twelfth-century Meditation Technique for the Salvation of Lost Souls". In *Tantric and Taoist Studies in Honour of R.A. Stein*, a cura di Michel Strickmann, 2: 487-511. Bruxelles: Institute Belge des Hautes Etudes Chinoises, 1983.

Boltz, William G. "The Invention of Writing in China". *Oriens Extremus* 42 (2000-1): 1-17.

Campany, Robert F. *To Live as Long as Heaven and Earth: A Translation and Study of Ge Hong's Traditions of Divine Transcendents*. Berkeley: University of California Press, 2002.

Cedzich, Ursula-Angelika. "Corpse Deliverance, Substitute Bodies, Name Change, and Feigned Death: Aspects of Metamorphosis and Immortality in Early Medieval China". *Journal of Chinese Religions* 29 (2001): 1-68.

Chan, Alan K.L. "The *Daode jing* and Its Tradition". In *Daoism Handbook*, a cura di Livia Kohn, 1-29. Leiden: E.J. Brill, 2000.

Versione riveduta e aggiornata in *The Stanford Encyclopedia of Philosophy*, a cura di Edward N. Zalta. <http://plato.stanford.edu/entries/laozi/>, 2013.

———. *Two Visions of the Way: A Study of the Wang Pi and Ho-shang Kung Commentaries on the Lao-tzu*. Albany: State University of NewYork Press, 1991.

Crowe, Paul. "Chapters on Awakening to the Real: A Song Dynasty Classic of Inner Alchemy Attributed to Zhang Boduan (ca. 983-1081)". *British Columbia Asian Review* 12 (2000): 1-40.

Csikszentmihalyi, Mark. "Han Cosmology and Mantic Practices". In *Daoism Handbook*, a cura di Livia Kohn, 53-73. Leiden: E.J. Brill, 2000.

———. *Readings in Han Chinese Thought*, 105-12. Indianapolis, IN, e Cambridge, MA: Hackett, 2006.

Davis, Edward L. *Society and the Supernatural in Song China*. Honolulu: University of Hawai'i Press, 2001.

Dean, Kenneth. "Daoist Ritual Today". In *Daoism Handbook*, a cura di Livia Kohn, 659-82. Leiden: E.J. Brill, 2000.

Delacour, Catherine, et al. *La voie du Tao: Un autre chemin de l'être*. Paris: Éditions de la Réunion des musées nationaux, 2010.

Despeux, Catherine. "Gymnastics: The Ancient Tradition". In *Taoist Meditation and Longevity Techniques*, a cura di Livia Kohn, 225-61. Ann Arbor: Center for Chinese Studies, University of Michigan, 1989.

———. "Le corps, champ spatio-temporel, souche d'identité". *L'Homme* 137 (1996): 87-118.

———. "Symbolic Pregnancy and the Sexual Identity of Taoist Adepts". In *Transforming the Void: Embryological Discourse and Reproductive Imagery in East Asian Religions*, a cura di Anna Andreeva e Dominic Steavu, 147-85. Leiden and Boston: E.J. Brill, 2016.

———. "Talismans and Sacred Diagrams". In *Daoism Handbook*, a cura di Livia Kohn, 498-540. Leiden: E.J. Brill, 2000.

———. *Taoïsme et connaissance de soi: La Carte de la culture de la perfection* (Xiuzhentu). Paris: Guy Trédaniel Editeur, 2012.

———. *Zhao Bichen: Traité d'alchimie et de physiologie taoïste* (Weisheng shenglixue mingzhi). Paris: Les Deux Océans, 1979.

DeWoskin, Kenneth. *Doctors, Diviners, and Magicians of Ancient China: Biographies of Fang-shih*. New York: Columbia University Press, 1983.

Engelhardt, Ute. "Longevity Techniques and Chinese Medicine". In *Daoism Handbook*, a cura di Livia Kohn, 74-108. Leiden: E.J. Brill, 2000.

Eskildsen, Stephen. *The Teachings and Practices of the Early Quanzhen Taoist Masters*. Albany: State University of New York Press, 2004.

Espesset, Grégoire. "Latter Han Religious Mass Movements and the Early Daoist Church". In *Early Chinese Religion. Parte 1: Shang through Han (1250 BC-220 AD)*, a cura di John Lagerwey e Marc Kalinowski, 2: 1061-1102. Leiden e Boston: E.J. Brill, 2009.

Esposito, Monica. "The Longmen School and its Controversial History during the Qing Dynasty". In *Religion and Chinese Society*, a cura di John Lagerwey, 2: 621-98. Hong Kong: Chinese University Press and Paris: École Française d'Extrême-Orient, 2004.

Fava, Patrice. *Aux portes du ciel: La statuaire taoïste du Hunan*. Paris: Les Belles Lettres, École Française d'Extrême-Orient, 2013.

Girardot, Norman J. *Myth and Meaning in Early Taoism: The Theme of Chaos* (Hun-tun). Berkeley: University of California Press, 1983.

Goossaert, Vincent. "The Invention of an Order: Collective Identity in Thirteenth-Century Quanzhen Taoism". *Journal of Chinese Religions* 29 (2001): 111-38.

Graham, A.C. "The Date and Composition of *Liehtzyy*". *Asia Major*, second series, 8 (1961): 139-98.

———. *Disputers of the Tao: Philosophical Argument in Ancient China*. La Salle, IL: Open Court, 1989.
Graziani, Romain. *Écrits de Maître Guan: Les Quatre traités de l'Art de l'esprit*. Paris: Les Belles Lettres, 2001.
Harper, Donald J. *Early Chinese Medical Literature: The Mawangdui Medical Manuscripts*. London e New York: Kegan Paul International, 1998.
———. "Warring States Natural Philosophy and Occult Thought". In *The Cambridge History of Ancient China: From the Origins to 221 B.C.*, a cura di Michael Loewe e Edward L. Shaughnessy, 813-84. Cambridge: Cambridge University Press, 1999.
Hendrischke, Barbara. "Early Daoist Movements". In *Daoism Handbook*, a cura di Livia Kohn, 134-64. Leiden: E.J. Brill, 2000.
———. *The Scripture on Great Peace: The Taiping jing and the Beginnings of Daoism*. Berkeley: University of California Press, 2006.
———, e Benjamin Penny. "The 180 Precepts Spoken by Lord Lao: A Translation and Textual Study". *Taoist Resources* 6.2 (1996): 17-29.
Henricks, Robert G. *Lao-Tzu: Te-Tao Ching. A New Translation Based on the Recently Discovered Ma-wang-tui Texts*. New York: Ballantine Books, 1989.
———. *Lao Tzu's Tao Te ching: A Translation of the Startling New Documents Found at Guodian*. New York: Columbia University Press, 2000.
Huang, Shih-shan Susan. *Picturing the True Form: Daoist Visual Culture in Traditional China*. Cambridge, MA: Harvard University Press, 2012.
Izutsu, Toshihiko. *Sufism and Taoism: A Comparative Survey of Key Philosophical Concepts*. Tokyo: Iwanami Shoten, 1983.
Kalinowski, Marc. *Cosmologie et divination dans la Chine ancienne: Le Compendium des Cinq Agents (Wuxing dayi, VIe siècle)*. Paris: École Française d'Extrême-Orient, 1991.

———. "Technical Traditions in Ancient China and *Shushu* Culture in Chinese Religion". In *Religion and Chinese Society*, a cura di John Lagerwey, 1: 223-48. Hong Kong: Chinese University Press e Paris: École Française d'Extrême-Orient, 2004.

Kaltenmark, Max. *Le Lie-sien tchouan (Biographies légendaires des Immortels taoïstes de l'antiquité)*. Pékin: Université de Paris, Publications du Centre d'Études Sinologiques de Pékin, 1953.

Kirkland, Russell. *Taoism: The Enduring Tradition*. New York e London: Routledge, 2004.

Kleeman, Terry. *Celestial Masters: History and Ritual in Early Daoist Communities*. Cambridge, MA: Harvard University Asia Center, 2016.

———. "Licentious Cults and Bloody Victuals: Sacrifice, Reciprocity and Violence in Traditional China". *Asia Major*, third series, 7 (1994): 185-211.

———. "The Performance and Significance of the Merging the Pneumas (*Heqi*) Rite in Early Daoism". *Daoism: Religion, History and Society* 6 (2014): 85-112.

Knoblock, John, e Jeffrey Riegel. *The Annals of Lü Buwei*. Stanford, CA: Stanford University Press, 2001.

Kohn, Livia. *A Sourcebook in Chinese Longevity*. St. Petersburg, FL: Three Pines Press, 2012.

———. *Chinese Healing Exercises: The Tradition of Daoyin*. Honolulu: University of Hawai'i Press, 2008.

———. *Early Chinese Mysticism: Philosophy and Soteriology in the Taoist Tradition*. Princeton: Princeton University Press, 1992.

———. *God of the Dao: Lord Lao in History and Myth*. Ann Arbor: Center for Chinese Studies, University of Michigan, 1998.

———. *Sitting in Oblivion: The Heart of Daoist Meditation*. Dunedin, FL: Three Pines Press, 2010.

———. "Taoist Visions of the Body". *Journal of Chinese Philosophy* 18 (1991): 227-52.

———. *The Taoist Experience: An Anthology*. Albany: State University of New York Press, 1993.

———, a cura di. *Daoism Handbook*. Leiden: E.J. Brill, 2000.

———, e Russell Kirkland. "Daoism in the Tang (618-907)". In *Daoism Handbook*, a cura di Livia Kohn, 339-83. Leiden: E.J. Brill, 2000.

Kroll, Paul. "On 'Far Roaming'". *Journal of the American Oriental Society* 116 (1996): 653-69.

Lagerwey, John. *China: A Religious State*. Hong Kong: Kong Kong University Press, 2010.

———. "Deux écrits taoïstes anciens". *Cahiers d'Extrême-Asie* 14 (2004): 139-71.

———. "Écriture et corps divin". In *Corps des dieux*, a cura di Charles Malamoud e Jean-Pierre Vernant, 275-86. Paris: Gallimard, 1986.

———. *Taoist Ritual in Chinese Society and History*. New York e London: Macmillan, 1987.

———. *Wu-shang pi-yao: Somme taoïste du VIe siècle*. Paris: École Française d'Extrême-Orient, 1981.

———. "Zhenren". In *The Encyclopedia of Religion*, a cura di Lindsay Jones, 9: 958-60. Seconda edizione. New York e London: Macmillan, 2005.

Le Blanc, Charles, e Rémi Mathieu, a cura di. *Philosophes taoïstes*: II, *Huainan zi*. Paris: Gallimard, 2003.

Ledderose, Lothar. "Some Taoist Elements in the Calligraphy of the Six Dynasties". *T'oung Pao* 70 (1984): 246-78.

Little, Stephen. *Taoism and the Arts of China*. Chicago: The Art Institute of Chicago, 2000.

Liu, Yiming [1734-1821]. 2013. *Cultivating the Tao: Taoism and Internal Alchemy*. Trad. da Fabrizio Pregadio. Mountain View, CA: Golden Elixir Press.

Mair, Victor H. "The *Zhuangzi* and Its Impact". In *Daoism Handbook*, a cura di Livia Kohn, 30-52. Leiden: E.J. Brill, 2000.

Major, John S., et al. *The Huainanzi: A Guide to the Theory and Practice of Government in Early Han China*. New York: Columbia University Press, 2010.

Marsone, Pierre. *Wang Chongyang (1113-1170) et la foundation du Quanzhen: Ascètes taoïstes et alchimie intérieure*. Paris: Collège de France, Institut des Hautes Études Chinoises, 2010.

Maspero, Henri. *Le Taoïsme et les religions chinoises*. Paris: Gallimard, 1971.

Mollier, Christine. *Buddhism and Taoism Face to Face: Scripture, Ritual, and Iconographic Exchange in Medieval China*. Honolulu: University of Hawai'i Press, 2008.

———. "Conceiving the Embryo of Immortality: 'Seed-People' and Sexual Rites in Early Taoism". In *Transforming the Void: Embryological Discourse and Reproductive Imagery in East Asian Religions*, a cura di Anna Andreeva e Dominic Steavu, 87-110. Leiden e Boston: E.J. Brill, 2016.

———. "Messianism and Millenarianism". In *The Encyclopedia of Taoism*, a cura di Fabrizio Pregadio, 1: 94-96. London: Routledge, 2008.

———. "Talismans". In *Divination et société dans la Chine médiévale: Étude des manuscrits de Dunhuang de la Bibliothèque nationale de France et de la British Library*, a cura di Marc Kalinowski, 405-29. Paris: Bibliothèque nationale de France, 2003.

———. "Visions of Evil: Demonology and Orthodoxy in Early Daoism". In *Daoism in History: Essays in Honour of Liu Ts'un-yan*, a cura di Benjamin Penny, 74-100. London: Routledge, 2005.

Ngo, Van Xuyet. *Divination, magie et politique dans la Chine ancienne: Essai suivi de la traduction des "Biographies des Magiciens" tirées de l'"Histoire des Han postérieurs"*. Paris: Presses Universitaires de France, 1976.

Nickerson, Peter. "Abridged Codes of Master Lu for the Daoist Community". In *Religions of China in Practice*, a cura di Donald S. Lopez, 347-59. Princeton: Princeton University Press, 1996.

———. "Taoism and Popular Religion". In *The Encyclopedia of Taoism*, a cura di Fabrizio Pregadio, 1: 145-50. London: Routledge, 2008.

Penny, Benjamin. "Immortality and Transcendence". In *Daoism Handbook*, a cura di Livia Kohn, 109-33. Leiden: E.J. Brill, 2000.

———. "The Text and Authorship of *Shenxian zhuan*". *Journal of Oriental Studies* 34 (1996): 165-209.

Porkert, Manfred. *The Theoretical Foundations of Chinese Medicine: Systems of Correspondence*. Cambridge, Mass.: The M.I.T. Press, 1974.

Pregadio, Fabrizio. *Awakening to Reality: The "Regulated Verses" of the Wuzhen pian, a Taoist Classic of Internal Alchemy*. Mountain View, CA: Golden Elixir Press, 2009.

———. *Great Clarity: Daoism and Alchemy in Early Medieval China*. Stanford, CA: Stanford University Press, 2006.

———. "Destiny, Vital Force, or Existence? On the Meanings of *Ming* in Daoist Internal Alchemy and Its Relation to *Xing* or Human Nature". *Daoism: Religion, History and Society* 6 (2014): 157-218.

———. "Discriminations in Cultivating the Tao: Liu Yiming (1734-1821) and his *Xiuzhen houbian*". *AION* (Annali dell'Università degli Studi di Napoli "L'Orientale"), 32 (2015): 81-108.

———. "Early Daoist Meditation and the Origins of Inner Alchemy". In *Daoism in History: Essays in Honour of Liu Ts'un-yan*, a cura di Benjamin Penny, 121-58. London: Routledge, 2005.

———. "Superior Virtue, Inferior Virtue: A Doctrinal Theme in the Works of the Daoist Master Liu Yiming (1734-1821)". *T'oung Pao* 100 (2014): 460-98.

———. "The Alchemical Body in Daoism". Di prossima pubblicazione in *The Wiley-Blackwell Companion to Material Religion*, a cura di Manuel Vasquez e Vasudha Narayana. Hoboken, NJ.

———. "The Man-Bird Mountain: Writing and Revelation in Early China". Di prossima pubblicazione in *Divination and the Strange in Pre- and Early Modern East Asia and Europe* [titolo provvisorio], a cura di Sophia Katz. Leiden: E.J. Brill.

———. *The Seal of the Unity of the Three: A Study and Translation of the* Cantong qi, *the Source of the Taoist Way of the Golden Elixir*. Mountain View, CA: Golden Elixir Press, 2011.

———, a cura di. *The Encyclopedia of Taoism*. London: Routledge, 2008.

Puett, Michael. *To Become a God: Cosmology, Sacrifice, and Self-Divinization in Early China*. Cambridge, MA: Harvard-Yenching Institute, 2002.

Queen, Sarah A. *From Chronicle to Canon: The Hermeneutics of the Spring and Autumn Annals according to Tung Chung-shu*. Cambridge: Cambridge University Press, 1996.

Raz, Gil. "Imbibing the Universe: Methods of Ingesting the Five Sprouts". *Asian Medicine: Tradition and Modernity* 7 (2013): 65-100.

———. *The Emergence of Daoism: Creation of Tradition*. London: Routledge, 2012.

Robinet, Isabelle. "Chuang Tzu et le taoïsme 'religieux'". *Journal of Chinese Religions* 11 (1983): 59-105.

———. "De quelques effets du bouddhisme sur la problématique taoïste: Aspects de la confrontation du taoïsme au bouddhisme". In *Religion and Chinese Society*, a cura di John Lagerwey, 1: 411-516. Hong Kong: Chinese University Press e Paris: École Française d'Extrême-Orient, 2004.

———. "Genèses: Au début, il n'y a pas d'avant". In *En suivant la Voie Royale: Mélanges en hommage à Léon Vandermeersch*, a cura di Jacques Gernet e Marc Kalinowski, 121-40. Paris: École Française d'Extrême-Orient, 1997.

———. "Genesis and Pre-Cosmic Eras in Daoism". In *Daoyuan binfen lu — A Daoist Florilegium: A Festschrift Dedicated to Professor Liu Ts'un-yan on His Eighty-Fifth Birthday*, a cura di Lee Cheuk Yin e Chan Man Sing, 144-84. Hong Kong: Shangwu yinshuguan, 2002.

———. *Introduction à l'alchimie intérieure taoïste: De l'unité et de la multiplicité. Avec une traduction commentée des Versets de l'éveil à la Vérité*. Paris: Les Éditions du Cerf, 1995.
———. *La meditazione taoista*. Trad. da Fabrizio Pregadio. Roma: Ubaldini Editore, 1984. Edizione originale: *Méditation taoïste* (Paris: Dervy Livres, 1979).
———. *La révélation du Shangqing dans l'histoire du Taoïsme*. 2 voll. Paris: École Française d'Extrême-Orient, 1984.
———. *Taoism: Growth of a Religion*. Trad. da Phyllis Schafer. Stanford: Stanford University Press, 1997. Edizione originale: *Histoire du Taoïsme des origines au XIVe siècle* (Paris: Les Éditions du Cerf, 1991).
———. "Later Commentaries: Textual Polysemy and Syncretistic Interpretations". In *Lao-tzu and the Tao-te-ching*, a cura di Livia Kohn e Michael LaFargue, 119-42. Albany: State University of NewYork Press, 1998.
———. "Metamorphosis and Deliverance from the Corpse in Taoism". *History of Religions* 19 (1979): 37-70.
———. "Shangqing: Highest Clarity". In *Daoism Handbook*, a cura di Livia Kohn, 196-224. Leiden: E.J. Brill, 2000.
———. "The Diverse Interpretations of the *Laozi*". In *Religious and Philosophical Aspects of the Laozi*, a cura di Mark Csikszentmihalyi e Philip J. Ivanhoe, 127-59. Albany: State University of New York Press, 1999.
———. *The World Upside Down: Essays on Taoist Internal Alchemy*. Trad. da Fabrizio Pregadio. Mountain View, CA: Golden Elixir Press, 2011.
———. "Un, deux, trois: Les différentes modalités de l'Un et sa dynamique". *Cahiers d'Extrême-Asie* 8 (1995): 175-220.
Robson, James. "Signs of Power: Talismanic Writing in Chinese Buddhism". *History of Religions* 48 (2008): 130-69.
Roth, Harold. "Zhuangzi". In *The Stanford Encyclopedia of Philosophy*, a cura di Edward N. Zalta. <http://plato.stanford.edu/entries/zhuangzi/>, 2014.

Roth, Harold. *Original Tao: Inward Training (Nei-Yeh) and the Foundations of Taoist Mysticism*. Columbia University Press, 1999.

Roth, Harold, e Sarah Queen. "A Syncretist Perspective on the Six Schools". In *Sources of Chinese Tradition*, a cura di William T. DeBary, 1: 278-82. Seconda edizione. New York: Columbia University Press, 2000.

Schipper, Kristofer. "Daoist Ecology: The Inner Transformation. A Study of the Precepts of the Early Daoist Ecclesia". In *Daoism and Ecology: Ways within a Cosmic Landscape*, a cura di Norman Girardot et al., 79-93. Cambridge, MA: Harvard University Press, 2001.

———. *Il corpo taoista: Corpo fisico, corpo sociale*. Trad. da Fabrizio Pregadio. Roma: Ubaldini Editore, 1983. Edizione originale: *Le corps taoïste: Corps physique, corps social* (Paris: Librairie Arthème Fayard, 1979).

———. "Le pact de pureté du taoïsme". In *La religion de la Chine: La tradition vivante*, 127-60. Paris: Librairie Anthème Fayard, 2008.

———. "The Inner World of the *Laozi zhongjing*". In *Time and Space in Chinese Culture*, a cura di Huang Chun-chieh e Erik Zürcher, 114-31. Leiden: E.J. Brill, 1995.

———. "The Story of the Way". In Stephen Little, *Taoism and the Arts of China*, 33-55. Chicago: The Art Institute of Chicago, 2000.

———. "The Written Memorial in Taoist Ceremonies". In *Religion and Ritual in Chinese Society*, a cura di Arthur P. Wolf, 309-24. Stanford, CA: Stanford University Press, 1974.

———, e Franciscus Verellen, a cura di. *The Taoist Canon: A Historical Companion to the Daozang*. 3 voll. Chicago: Chicago University Press, 2004.

———, e Wang Hsiu-huei. "Progressive and Regressive Time Cycles in Taoist Ritual". In *Time, Science, and Society in China and the West*, a cura di J.T. Fraser, N. Lawrence, e F.C. Haber, 185-205. Amherst: University of Massachusetts Press, 1986.

Schwartz, Benjamin. "The Thought of the *Tao-te-ching*". In *Lao-tzu and the Tao-te-ching*, a cura di In Livia Kohn e Michael LaFargue, 198-210. Albany: State University of New York Press.

Schwartz, Benjamin. *The World of Thought in Ancient China*. Cambridge, MA: Harvard University Press, 1985.

Seidel, Anna. *Il Taoismo, religione non ufficiale della Cina*. Trad. da Fabrizio Pregadio. Venezia: Libreria Editrice Cafoscarina, 1997. Edizione originale: *Taoismus, die inoffizielle Hochreligion Chinas* (Tokyo: OAG Aktuell, 1990).

———. "Imperial Treasures and Taoist Sacraments: Taoist Roots in the Apocrypha". In *Tantric and Taoist Studies in Honour of Rolf A. Stein*, a cura di Michel Strickmann, 2: 291-371. Bruxelles: Institut Belge des Hautes Études Chinoises, 1983.

———. *La divinisation de Lao tseu dans le Taoïsme des Han*. Paris: École Française d'Extrême-Orient, 1969.

———. "Post-mortem Immortality, or: The Taoist Resurrection of the Body". In *Gilgul: Essays on Transformation, Revolution and Permanence in the History of Religions*, a cura di S. Shaked, D. Shulman, e G. G. Stroumsa, 223-37. Leiden: E.J. Brill, 1987.

———. "Taoist Messianism". *Numen* 31 (1983): 161-74.

———. "The Image of the Perfect Ruler in Early Taoist Messianism: Lao-tzu and Li Hung". *History of Religions* 9 (1969-70): 216-47.

Sivin, Nathan. "State, Cosmos, and Body in the Last Three Centuries B.C.". *Harvard Journal of Asiatic Studies* 55 (1995): 5-37.

———. "The Theoretical Background of Elixir Alchemy". In Joseph Needham, *Science and Civilisation in China*, vol. V: *Chemistry and Chemical Technology*, part 4: *Spagyrical Discovery and Invention: Apparatus, Theories and Gifts*, 210-305. Cambridge: Cambridge University Press, 1980.

———. *Traditional Medicine in Contemporary China: A Partial Translation of Revised Outline of Chinese Medicine (1972) with an Introductory Study on Change in Present-day and Early Medicine*. Ann Arbor: University of Michigan, Center for Chinese Studies, 1987.

Skar, Lowell. "Ritual Movements, Deity Cults, and the Transformation of Daoism in Song and Yuan Times". In *Daoism Handbook*, a cura di Livia Kohn, 413-63. Leiden: E.J. Brill, 2000.

Steavu, Dominic. "Cosmos, Body, and Meditation in Early Medieval Taoism". In *Transforming the Void: Embryological and Reproductive Symbolism in East Asian Religions*, a cura di Anna Andreeva e Dominic Steavu, 111-46. Leiden: E.J. Brill, 2016.

Stein, Rolf A. "Religious Taoism and Popular Religion from the Second to Seventh Centuries". In *Facets of Taoism: Essays in Chinese Religion*, a cura di Holmes Welch e Anna Seidel, 53-81. New Haven e London: Yale University Press, 1979.

Strickmann, Michel. "On the Alchemy of T'ao Hung-ching". In *Facets of Taoism: Essays in Chinese Religion*, a cura di Holmes Welch e Anna Seidel, 123-92. New Haven e London: Yale University Press, 1979.

———. "The Mao shan Revelations: Taoism and the Aristocracy". *T'oung Pao* 63 (1977): 1-64.

Unschuld, Paul U., e Hermann Tessenow. *Huang Di Nei Jing Su Wen: An Annotated Translation of Huang Di's Inner Classic — Basic Questions*. Berkeley e Los Angeles: University of California Press, 2011.

Valussi, Elena. 2009. "Female Alchemy: An Introduction." In *Internal Alchemy: Self, Society, and the Quest for Immortality*, a cura di Livia Kohn e Robin R.Wang, 141-62. Cambridge, MA: Three Pines Press.

Van Gulik, Robert H. *Sexual Life in Ancient China: A Preliminary Survey of Chinese Sex and Society from ca. 1500 B.C. till 1644 A.D.* Leiden: E. J. Brill, 1961.

Verellen, Franciscus. *Du Guangting (850-933): Taoïste de cour à la fin de la Chine médiévale*. Paris: Collège de France, Institut des Hautes Études Chinoises, 1989.

Wang, Mu. *Foundations of Internal Alchemy: The Taoist Practice of Neidan*. Trad. da Fabrizio Pregadio. Mountain View, CA: Golden Elixir Press, 2011.

Ware, James. *Alchemy, Medicine and Religion in the China of A.D. 320: The* Nei P'ien *of Ko Hung (*Pao-p'u tzu*)*. Cambridge, MA: MIT Press, 1966.

Watson, Burton. *The Complete Works of Chuang-tzu*. New York: Columbia University Press, 1968.

Wilhelm, Richard, and Carl Gustav Jung. *The Secret of the Golden Flower: A Chinese Book of Life*. Trad. da Cary F. Baynes. London: Routledge and Kegan Paul; New York: Harcourt, Brace and World, 1962.

Yamada, Toshiaki. "The Lingbao School". In *Daoism Handbook*, a cura di Livia Kohn, 225-55. Leiden: E.J. Brill, 2000.

Yao, Tad [Yao Tao-chung]. "Quanzhen: Complete Perfection". In *Daoism Handbook*, a cura di Livia Kohn, 265-93. Leiden: E.J. Brill, 2000.

Yates, Robin D. S. *Five Lost Classics: Tao, Huanglao, and Yin-Yang in Han China*. New York: Ballantine Books, 1997.

Yokote, Yutaka. "Daoist Internal Alchemy in the Song and Yuan Periods". In *Modern Chinese Religion*, part 1: *Song-Liao-Jin-Yuan*, a cura di John Lagerwey and Pierre Marsone, 2: 1055-1110. Leiden: E.J. Brill, 2015.

Zürcher, Erik. "Buddhist Influence on Early Taoism: A Survey of Scriptural Evidence". *T'oung Pao* 66 (1980): 84-147.

GLOSSARIO

An Lushan 安祿山 (703-57)
bagua 八卦 (otto trigrammi)
Baiyun guan 白雲觀 (Abbazia della Nuvola Bianca)
bamai 八脈 (otto vasi)
Bao Xi 包犧 (altro nome di Fu Xi)
Baopu zi 抱朴子 (Il Maestro che Abbraccia la Natura Spontanea)
baoshou 保守 ('conservare e custodire')
baoyi 抱一 (Abbracciare l'Unità)
beidou 北斗 (Orsa Maggiore)
Beizong 北宗 (Lignaggio del Nord)
bigu 辟穀 (astenersi dai cereali)
bigua 辟卦 (esagrammi primari)
biqi 閉氣 (trattenere il respiro)
bu 部 (dipartimento)
bugang 步綱 (Passeggiare sulla Rete Celeste)
buqi 布氣 (diffondere il respiro)
busi 不死 ('non morire', immortalità)
Cantong qi 參同契 (Sigillo dell'Unità dei Tre)
Chan 禪 (scuola buddhista)
Changsheng dajun 長生大君 (Grande Signore della Lunga Vita)
changsheng 長生 (lunga vita, longevità)
chaofan rusheng 超凡入聖 ('trascendere l'ordinario ed entrare nella santità')
Cheng Xuanying 成玄英 (fl. 631-50)
chiqi 赤氣 (soffio rosso)
Chizi 赤子 (Bambino Rosso)

Chuci 楚辭 (Canti di Chu)

chui 吹 (suono emesso durante le pratiche di respirazione)

Chunqiu fanlu 春秋繁露 (Rigoglio di Rugiada sugli *Annali delle Primavere e degli Autunni*)

chunyang 純陽 (Yang Puro)

cun 存 ('mantenere [il pensiero]'; visualizzare)

Da Daojun 大道君 (Grande Signore del Dao)

Dadong zhenjing 大洞真經 (Vero Libro della Grande Caverna)

Daluo 大羅 (Grande Velo)

dan 丹 (elisir)

danshi 丹室 (Camera dell'Elisir)

dantian 丹田 (Campo di Cinabro)

Danyuan 丹元 (Origine del Cinabro)

Dao, *dao* 道 (Via)

Daode jing 道德經 (Libro della Via e della sua Virtù)

Daode tianzun 道德天尊 (Venerabile Celeste del Dao e della sua Virtù)

daojia 道家 ('casa', 'famiglia', o 'lignaggio del Dao')

daojiao 道教 ('insegnamenti del Dao' o 'sul Dao')

Daojun 道君 (Signore del Dao)

daoshi 道士 ('maestro del Dao', sacerdote taoista)

daoyin 導引 ('guidare [il qi] e distendere [le membra]')

Daozang 道藏 (Canone Taoista)

de 德 (virtù, efficacia, potere)

di 帝 (imperatore)

Ding, Cuoco 庖丁 (personaggio del *Zhuangzi*)

dixian 地仙 (immortalità terrena)

Diyi zunjun 帝一天尊 (Venerabile Signore Imperatore Uno)

diyu 地獄 (Prigioni Terrestri; inferno)

dizhi 地支 (rami terrestri)

GLOSSARIO

Dong Zhongshu 董仲舒 (ca. 179-105 a.C)
dongfang 洞房 (Camera-Caverna)
Dongshen 洞神 (Caverna dello Spirito)
Dongxuan 洞玄 (Caverna del Mistero)
Dongzhen 洞玄 (Caverna della Realtà, o della Perfezione)
Doumu 斗姆 (Madre dell'Orsa Maggiore)
Du Guangting 杜光庭 (850-933)
du 度 (oltrepassare, andare al di là)
Duan Yucai 段玉裁 (1735-1815)
duan 段 (stadio)
dumai 督脈 (Vaso di Controllo)
Duren jing 度人經 (Libro della Salvezza)
fandao 返道 (tornare al Dao)
fangshi 方士 (maestri dei metodi)
fangzhong shu 房中術 (arti della camera da letto)
fantai 返胎 (ritorno all'embrione)
fashi 法師 (maestri rituali)
Feng 封 (nome di una cerimonia imperiale)
Fengdu 豐都 (nome del regno dei morti)
fu 符 (talismano)
fu 釜 (crogiolo)
Fu Xi 伏羲 (imperatore mitico)
fuqi 伏氣 (soffio custodito)
fusheng 復生 ('nuova nascita', rinascita)
gaiming 改名 (cambiare nome)
gaiming 改命 (cambiare destino)
ganying 感應 ('impulso e risposta', risonanza)
Gaozu 高祖 (imperatore Tang, r. 618-27)
Ge Chaofu 葛巢甫 (fl. 402)
Ge Hong 葛洪 (283-343)

Ge Xuan 葛玄 (164-244)
gongde 功德 (Merito)
guan 官 (postazione)
guan 灌 (irrigare)
Guangcheng zi 廣成子 (maestro di Huangdi)
Guanyin 觀音 (nome di una divinità)
guanyuan 關元 (Origine della Barriera)
Guanzi 管子 (Il Maestro Guanzi)
Guo Xiang 郭象 (252?-312)
Guodian 郭店 (sito archeologico)
guoqiao 過橋 (Attraversamento del Ponte)
Hangzhou 杭州 (Zhejiang)
Hanzhong 漢中 (Sichuan)
Hao Datong 郝大通 (1140-1213)
Hao Guangning 郝廣寧 (altro nome di Hao Datong)
heche 河車 (Carro del Fiume)
hedao 合道 (unirsi al Dao)
heqi 合氣 (Unione dei Soffi)
Heshang gong 河上公 (trad. II secolo d.C.)
houtian 後天 (postceleste, 'posteriore al Cielo')
hua 化 (trasformare)
Huainan 淮南 (nome di un regno)
Huainan zi 淮南子 (Il Maestro dello Huainan)
Huan 漢桓帝 (imperatore Han, r. 146-68 d.C.)
huan 還 (ritornare)
huandan 還丹 (Elisir del Ritorno)
huandao 還丹 (tornare al Dao)
Huang-Lao dao 黃老道 (Via dell'Imperatore Giallo e di Laozi)
Huangdi 黃帝 (Imperatore Giallo)
Huangdi neijing 黃帝內經 (Libro Interno dell'Imperatore Giallo)

huangjing 黃精 (essenza gialla)
Huanglao jun 黃老君 (Vecchio Signore Giallo)
huanglu zhai 黃籙齋 (Ritiro del Registro Giallo)
huangting 黃庭 (Corte Gialla)
Huangting jing 黃庭經 (Libro della Corte Gialla)
huanjing bunao 還精補腦 ('far ritornare l'essenza per riempire il cervello')
hun 魂 ('anima celeste')
hundun 混沌 (caos; incoato)
Hundun 混沌 (personaggio del *Zhuangzi*)
huo 火 (Fuoco)
huohou 火候 (Fasi del Fuoo)
Huxian 戶縣 (Anhui)
ji 技 (tecnica)
ji 紀 (sequenza)
jia 家 (casa, famiglia; lignaggio)
jianggong jinque 降宮金闕 (Portale d'Oro del Palazzo Cremisi)
jianggong 降宮 (Palazzo Cremisi)
Jiangnan 江南 (regione a sud del fiume Yangzi)
jianxing 見性 ('vedere la propria natura')
jiao 教 (insegnamento)
jiao 醮 (Offerta)
jie 戒 (precetto)
jie 解 (liberazione)
jiejie 解結 ('sciogliere i nodi'; Scioglimento dei Nodi)
jijiu 祭酒 (libatore)
jin 金 (Metallo)
jing 精 (essenza)
jing 經 (libro, scrittura; 'classico')
jing 靜 (quiescenza)

Jingai 金蓋 (ramo del Longmen)
jingshi 靜室 (camera pura)
jinli 金醴 (Nettare d'Oro)
jinlu zhai 金籙齋 (Ritiro del Registro d'Oro)
Jinye jing 金液經 (Libro del Liquore d'Oro)
jinye 金液 (Liquore d'Oro)
jiuchong 九蟲 (nove vermi)
Jiudan jing 九丹經 (Libro dei Nove Elisir)
Jiuku tianzun 救苦天尊 (Venerabile Celeste che Allevia le Sofferenze)
jiutian 九天 (Nove Cieli)
jiutian zhi qi 九天之氣 (soffi dei nove cieli)
Jiuzhen zhongjing 九真中經 (Libro Centrale dei Nove Realizzati)
jiuzhou 九州 (Nove Continenti)
jun 君 (signore)
junzi 君子 (uomo nobile)
Kaifeng 開封 (Henan)
Kaiyuan Daozang 開元道藏 (Canone Taoista del Periodo di Regno Kaiyuan)
koujue 口訣 (istruzioni orali)
Lao Dan 老聃 (altro nome di Laozi)
Lao Zhuang zhi shu 老莊之術 ('arti di Laozi e Zhuangzi')
Laojun 老君 (Signore Lao)
Laojun shuo yibai bashi jie 老君說一百八十戒 (180 Precetti Pronunciati dal Signore Lao)
Laozi 老子 (Vecchio Maestro)
Laozi bianhua jing 老子變化經 (Libro delle Trasformazioni di Laozi)
Laozi ming 老子銘 (Iscrizione per Laozi)
Laozi zhongjing 老子中經 (Libro Centrale di Laozi)

lei 類 (tipo, categoria)
li 利 (beneficio)
li 禮 (rito; ritualità)
Li Daochun 李道純 (fl. 1290)
Li Er 李耳 (altro nome di Laozi)
Li Shaojun 李少君 (fl. ca. 133 a.C.)
Li Yuan 李淵 (nome personale di Tang Gaozu)
lian 煉 (raffinare, purificare)
liandu 煉度 (Salvezza tramite Purificazione)
lianjing huaqi 煉精化氣 ('raffinare l'essenza per trasformarla in soffio')
lianqi huashen 煉氣化神 ('raffinare il soffio per trasformarlo in spirito')
lianqi 煉氣 ('raffinare il respiro')
lianshen huanxu 煉神還虛 ('raffinare lo spirito per tornare al Vuoto')
lianxing 鍊形 ('purificazione della forma')
Liexian zhuan 列仙傳 (Biografie di Immortali Esemplari)
Liezi 列子 (Il Maestro Liezi)
Lingbao 靈寶 (Tesoro Sacro)
Lingbao bifa 靈寶畢法 (Metodi Completi del Tesoro Sacro)
Lingbao dafa 靈寶大法 (Grandi Riti del Tesoro Sacro)
Lingbao tianzun 靈寶天尊 (Venerabile Celeste del Tesoro Sacro)
Lingbao wufu xu 靈寶五符序 (Prolegomeni ai Cinque Talismani del Tesoro Sacro)
Lingshu ziwen 靈書紫文 (Scritto Sacro in Caratteri Porpora)
Liu An 劉安 (179?-122)
Liu Changsheng 劉長生 (altro nome di Liu Chuxuan)
Liu Chuxuan 劉處玄 (1147-1203)
Liu Yiming 劉一明 (1734-1821)

liuyu 六慾 (sei desideri)
Longhu, monte 龍虎山 (Jiangxi)
Longmen 龍門 (Porta del Drago)
lu 籙 (registro)
Lü Dongbin 呂洞賓 (nome di un immortale)
Lu Xiujing 陸修靜 (406-77)
Luoyang 洛陽 (Henan)
Lüshi chunqiu 呂氏春秋 (Primavere e Autunni del Signore Lü)
Ma Danyang 馬丹陽 (altro nome di Ma Yu)
Ma Yu 馬鈺 (1123-84)
Maoshan 茅山 (Monte Mao, Jiangsu)
Mawangdui 馬王堆 (sito archeologico)
Mazu 媽祖 (nome di una divinità)
miao 妙 (meraviglia, sottigliezza, sublimità)
miexin 滅心 ('estinguere la mente')
Min Yide 閔一得 (1748-1836)
ming 命 (ordine, mandato; esistenza, vita, durata di vita; destino)
mingmen 命門 (Porta del Destino)
mingtang 明堂 (Sala della Luce)
mu 木 (Legno)
Mulian 目連 (personaggio letterario)
Nanhua zhenjing 南華真經 (Vero Libro della Fioritura del Sud)
Nanjing 南京 (Jiangsu)
Nanzong 南宗 (Lignaggio del Sud)
nei 內 (interno)
Neidan 內丹 (Alchimia Interna)
Neiguan jing 內觀經 (Libro della Contemplazione Interiore)
Neijing tu 內景圖 (Immagine della Trama Interiore)
"Neipian" 內篇 (Capitoli Interni)

neiyao 內藥 (Medicina Interna)

Neiye 內業 (La Pratica Interiore)

niwan 泥丸 (Pillola di Fango)

Pan Shizheng 潘師正 (585-682)

Penglai 蓬萊 (residenza degli immortali)

Pengzu 彭祖 (nome di un immortale)

ping 平 (pace; equità)

po 魄 ('anima terrestre')

poyu 破獄 (Distruzione dell'Inferno)

pudu 普度 (salvezza universale)

qi 氣 (soffio, respiro, aria, ecc.)

qiangong 乾宮 (Palazzo di Qian)

qianqi 潛氣 ('soffio nascosto')

Qigong 氣功 (moderna pratica Yangsheng)

qihai 氣海 (Mare del Soffio)

qijing 奇經 (canali straordinari)

qing 清 (puro)

qingjing 清靜 (chiarezza e quiescenza)

Qingjing jing 清靜經 (Libro della Chiarezza e della Quiescenza)

Qingwei 清微 (Tenuità Pura)

qingxiu 清修 ('coltivazione pura')

Qiu Changchun 邱長春 (altro nome di Qiu Chuji)

Qiu Chuji 邱處機 (1148-1227)

Qu Yuan 屈原 (tardo IV secolo a.C.)

Quanzhen 全真 (Realtà Completa; Perfezione Completa)

Quting, monte 渠亭山 (Sichuan)

ren 人 (persona, essere umano)

ren 仁 (benevolenza)

renmai 任脈 (Vaso di Funzione)

renniao 人鳥 ('uomo-uccello')

sanbao 三寶 (tre tesori)
sancai 三才 (Tre Poteri)
sandong 三洞 (Tre Caverne)
sandu 三毒 (tre veleni)
sanguan 三官 (Tre Uffici; Tre Funzionari)
Sanhuang 三皇 (Tre Sovrani)
Sanhuang wen 三皇文 (Scritto dei Tre Sovrani)
sanjiao 三教 (Tre Insegnamenti)
Sanqing 三清 (Tre Chiarezze; Tre Puri)
sanshi 三尸 (tre cadaveri)
Santian neijie jing 三天內解經 (Libro delle Spiegazioni Interne dei Tre Cieli)
Sanyi 三一 (Tre-Uno)
Shan 禪 (nome di una cerimonia imperiale)
shangde 上德 (virtù superiore)
Shangdi 上帝 (Imperatore Supremo)
Shangqing 上清 (Chiarezza Suprema)
Shangqing jiudan shanghua taijing zhongji jing 上清九丹上化胎精中記經 (Libro delle Memorie Centrali sull'Essenza Embrionale e la Trasformazione Superiore del Nonuplo Elixir della Chiarezza Suprema)
Shangshang Taiyi 上上太一 (Supremo Grande Uno)
shen zhi wai shen 身之外身 ('una persona al di fuori della persona', 'un sé al di fuori di sé')
shen 神 (spirito; dio, divinità)
shen 身 (persona; corpo; 'sé stessi')
"Shenghua chaodu yinlian bijue" 生化超度陰煉祕訣 (Istruzioni Segrete sulla Purificazione Occulta per il Ritorno alla Vita e la Salvezza delle Anime)
shengren 聖人 (santo, saggio)

shengshen 生身 ('essere vivente')
shengtian 升天 (ascendere al Cielo)
shenming 神明 (Luce Spirituale)
shenren 神人 ('uomo di spirito', uomo divino)
shenshen 神身 (persona divina)
Shenxian zhuan 神仙傳 (Biografie dei Divini Immortali)
shenxiao 神霄 (Empireo Divino)
Shenxiao 神霄 (Empireo Divino)
shenxing 身形 (forma corporea)
shenzhong yiqiao 身中一竅 (Apertura Unica al Centro della Persona)
shi 事 (attività, occupazione)
shi 始 (iniziale)
shi 尸 (corpo mortale; cadavere)
shi 時 ('ora doppia')
Shiji 史記 (Memorie dello Storico)
shijie 尸解 ('liberazione dal corpo mortale')
shijie xian 尸解仙 ('immortalità attraverso la liberazione dal corpo mortale')
shishen 識神 (spirito conoscitivo)
"Shiyi" 十翼 ("Dieci Ali")
shou 壽 (longevità)
shou sanyi 守三一 (custodire i Tre-Uno)
shouyi 守一 (custodire l'Uno; custodire l'Unità)
shu 疏 (dichiarazione)
Shu 蜀 (Sichuan)
shuangxiu 雙修 ('coltivazione congiunta')
shui 水 (Acqua)
sifu 四輔 (Quattro Supplementi)
Silu 司錄 (Amministratore dei Registri)

Sima Chengzhen 司馬承禎 (647-73)
Sima Tan 司馬談 (fl. ca. 135 a.C.)
Siming 司命 (Amministratore del Destino)
sishen 思神 (spirito pensante)
su 俗 (volgare, profano)
Sun Bu'er 孫不二 (1119-83)
Sun Qingjing 孫清靜 (altro nome di Sun Bu'er)
taichu 太初 (Grande Inizio)
Taihe jun 太和君 (Signore della Grande Armonia)
taiji 太極 (Grande Polo)
Taiji quan 太極拳 (moderna pratica Yangsheng)
Tainan 台南 (Taiwan)
taiping 太平 (Grande Pace)
Taiping 太平 (Grande Pace)
Taiping jing 太平經 (Libro della Grande Pace)
Taiqing 太清 (Grande Chiarezza)
Taiqing jing 太清經 (Libro della Grande Chiarezza)
Taishang Daojun 太上道君 (Altissimo Signore del Dao)
taixi 胎息 (respirazione embrionale)
Taixi jing 胎息經 (Libro della Respirazione Embrionale)
taixian 胎仙 ('immortale embrionico', 'immortale allo stato embrionale')
Taixuan 太玄 (Grande Mistero)
Taiyi 太一 (Grande Uno)
Taiyi jinhua zongzhi 太一金華宗旨 (Insegnamenti Ancestrali sul Fiore d'Oro della Grande Unità)
Taiyin 太陰 (Grande Oscurità)
Tan Chuduan 譚處端 (1123-85)
Tang Changzhen 譚長真 (altro nome di Tan Chuduan)
Tao Hongjing 陶弘景 (456-536)

ti 體 (corpo)
tian 天 (Cielo)
tiangan 天干 (tronchi celesti)
tianguan 天關 (Barriera Celeste)
tianming 天命 (Mandato Celeste)
tianshi 天師 (Maestro Celeste)
Tianshi dao 天師道 (Via dei Maestri Celesti)
Tiantai 天台 (scuola buddhista)
tianxian 天仙 (immortalità celeste)
Tianxin 天心 (Cuore Celeste)
tiaoqi 調氣 (armonizzare il respiro)
tishen 替身 ('corpo di sostituzione')
tu 土 (Suolo)
tugu naxin 吐故納新 ('esalare il vecchio e inalare il nuovo respiro')
tuna 吐納 ('esalare [il vecchio] e inalare [il nuovo respiro]')
tuosi 託死 ('morte simulata')
wai 外 (esterno)
Waidan 外丹 (Alchimia Esterna)
"Waipian" 外篇 (Capitoli Esterni)
waiyao 外藥 (Medicina Esterna)
Wang Bi 王弼 (226-49)
Wang Changyue 王常月 (1592-1680)
Wang Chongyang 王重陽 (altro nome di Wang Zhe)
Wang Chuyi 王處一 (1142-1217)
Wang Yuanzhi 王遠知 (528-635)
Wang Yuyang 王玉陽 (altro nome di Wang Chuyi)
Wang Zhe 王嚞 (1113-70)
wanwu 萬物 (diecimila cose)
Wei 魏 (nome di un regno)

weiqi 衛氣 (soffio difensivo)

Wen Yuanshuai 溫元帥 (Maresciallo Wen)

Wenchang 文昌 (nome di una divinità)

Wenhui 文惠 (re di Wei)

wenjiao 瘟醮 (Offerte alla Peste)

wu 巫 (medium, guaritore, 'sciamano')

Wu 梁武帝 (imperatore Liang, r. 141-87 b.C.)

Wu 漢武帝 (imperatore Han, r. 502-49)

wu 無 (Non-Essere)

wuji 無極 (Senza Polo; Infinito)

wuming 無名 ('senza nome')

wunian 無念 ('essere privi di pensieri')

Wushang biyao 無上祕要 (I Supremi Principi Essenziali)

wuwei 無為 (non-fare)

wuxing 五行 (cinque agenti, cinque fasi)

wuxing 無形 (assenza di forma)

wuzang 五臟 (cinque visceri)

Wuzhen pian 悟真篇 (Risveglio alla Realtà)

Wuzhen zhizhi 悟真直指 (Spiegazioni Dirette sul *Risveglio alla Realtà*)

xiade 下德 (virtù inferiore)

xian 仙 (immortale, immortalità)

xiang 象 (immagine)

xiangke 相剋 ('conquista reciproca')

xiangsheng 相生 ('generazione reciproca')

xiangshu 相術 (fisiognomica)

xianren 仙人 (immortale, trascendente)

xiantian 先天 (preceleste, 'anteriore al Cielo')

xianxing 現性 ('manifestare la propria natura')

xiaoshu 小術 (arti minori)

"Xici" 繫辭 ("Detti Aggiunti")
xin 信 (segno)
xin 信 (sincerità; affidabilità)
xin 心 (cuore; mente; centro)
xing 形 (forma)
xing 性 (Natura, natura umana, natura interiore)
xingming shuangxiu 性命雙修 ('coltivazione congiunta di Natura ed Esistenza')
xingqi 行氣 (circolazione del respiro)
Xinshu 心術 (Arti della Mente; Arti del Cuore)
xiushen 修身 ('coltivare la propria persona', 'coltivare sé stessi')
Xiuzhen biannan 修真辨難 (Discriminazioni sulla Coltivazione della Realtà)
Xiuzhen houbian 修真後辨 (Ulteriori Discriminazioni sulla Coltivazione della Realtà)
Xiwang mu 西王母 (Regina Madre d'Occidente)
xu 呴 (suono emesso durante le pratiche di respirazione)
xu 虛 (Vuoto)
Xu Hui 許翽 (341-ca.370)
Xu Mi 許謐 (303-73)
xuan 玄 (misterioso)
xuanguan yiqiao 玄關一竅 (Apertura Unica della Barriera Misteriosa)
xuanguan 玄關 (Barriera Misteriosa)
Xuannü 玄女 (Donna Misteriosa)
xuanpin 玄牝 (Misterioso-Femmina)
xuantai 玄胎 (Embrione Misterioso)
xuanzhu 玄珠 (Perla Misteriosa)
xuxin 虛心 ('rendere vuota la mente')
Yang 陽 (principio attivo)

Yang Xi 楊羲 (330-ca.386)
Yang Zhu 楊朱 (V secolo a.C.)
yangsheng 養生 (Nutrire la Vita)
Yangsheng 養生 (Nutrire la Vita)
yangxing 養形 ('dare nutrimento alla forma corporea')
yi 一 (Uno, Unità)
Yi 一 (Uno)
yi 義 (giustizia)
yihua 一化 ('singola trasformazione')
Yijing 易經 (Libro dei Mutamenti)
yin 淫 (eccessivo; illecito)
Yin 陰 (principio passivo)
yingqi 營氣 (soffio costruttivo)
yinsi 淫祀 ('culti licenziosi' o 'illeciti')
yiqi 一氣 (Soffio Uno)
yishe 義舍 ('alloggi di carità')
Yixue 易學 (Studi sul *Libro dei Mutamenti*)
yong 用 (operare, funzionare)
you 幽 (oscuro)
you 有 (Essere)
youming 有名 ('con un nome')
yu 欲 (desiderio, intenzione)
yuan 元 (originale)
yuanjing 元精 (Essenza Originale)
yuanqi 元氣 (Soffio Originale)
yuanshen 元神 (Spirito Originale)
Yuanshi tianzun 元始天尊 (Venerabile Celeste dell'Inizio Originale)
yuanyou 遠遊 ('viaggi in luoghi remoti')
"Yuanyou" 遠遊 (Viaggiare Lontano)
yubu 禹步 (Passi di Yu)

Yuhuang 玉皇 (Sovrano di Giada)
yunü 御女 ('cavalcare le donne')
Yuqing 玉清 (Chiarezza di Giada)
yuren 羽人 ('uomo alato')
Yutang dafa 玉堂大法 (Grandi Riti della Sala di Giada)
zang 臟 (viscere)
"Zapian" 雜篇 (Capitoli Misti)
zawei 雜猥 ('mediocre e grossolano')
Zen 禪 (scuola buddhista)
zhai 齋 (purificazione)
Zhang Boduan 張伯端 (987-1082?)
Zhang Daoling 張道陵 (II secolo d.C.)
Zhang Lu 張魯 (?-215)
Zhang Wanfu 張萬福 (fl. 710-13)
zheng 正 (rettificare)
Zhengao 真誥 (Dichiarazioni dei Realizzati)
Zhengtong Daozang 正統道藏 (Canone Taoista del Periodo di Regno Zhengtong)
Zhengyi dao 正一道 (Via dell'Unità Ortodossa)
Zhengyi mengwei 正一盟威 (Alleanza con le Potenze dell'Unità Ortodossa)
Zhengyi 正一 (Unità Ortodossa)
zhenhong 真汞 (Mercurio Vero)
zhenqian 真鉛 (Piombo Vero)
zhenren 真人 (uomo realizzato)
zhenshen 真身 ('vera persona','vero sé')
zhenwu 真吾 ('vero sé')
Zhenwu 真武 (nome di una divinità)
zhenyang 真陽 (Vero Yang)
zhenyin 真陰 (Vero Yin)
zhi 志 (volontà)

zhi 智 (saggezza)
zhi 治 (amministrazione)
zhi 芝 (pianta dell'immortalità)
Zhi Dun 支盾 (314-66)
zhiguo 治國 ('governare lo stato')
zhiren 至人 (uomo compiuto)
zhishen 治身 ('governare sé stessi')
Zhong-Lü 種呂 (nome di un lignaggio Neidan)
Zhong-Lü chuandao ji 種呂傳道集 (Antologia della Trasmissione del Dao da Zhongli Quan a Lü Dongbin)
zhonggong 中宮 (Palazzo Centrale)
Zhongguo daojiao xiehui 中國道教協會 (Associazione Taoista Cinese)
Zhonghe ji 中和集 (Antologia dell'Armonia Centrale)
Zhongli Quan 鍾離權 (nome di un immortale)
zhongmin 種民 (popolo-seme)
zhongxi 踵息 ('respirare attraverso i talloni')
Zhouyi 周易 (Mutamenti dei Zhou)
Zhouyi cantong qi 周易參同契 (Sigillo dell'Unità dei Tre in accordo al *Libro dei Mutamenti*)
zhu 主 ('essere a capo')
zhuan 傳 (biografia)
Zhuang Zhou 莊周 (nome di Zhuangzi)
Zhuangzi 莊子 (ca. 370-280 a.C.)
Zhuangzi 莊子 (Il Maestro Zhuangzi)
Zigong 紫宮 (Palazzo Purpureo)
ziran huandan 自然還丹 (Elisir Naturale)
ziran 自然 ('essere così di per sé')
Zuo Ci 左慈 (fl. ca. 200 d.C.)
zuqi 祖氣 (Soffio Ancestrale)

www.ingramcontent.com/pod-product-compliance
Lightning Source LLC
Chambersburg PA
CBHW022104090426
42743CB00008B/712